山东省农村居民参与村民自治的行为研究

刘振滨　著

山东大学出版社
·济南·

图书在版编目(CIP)数据

山东省农村居民参与村民自治的行为研究 / 刘振滨著. -- 济南:山东大学出版社,2020.10
ISBN 978-7-5607-6872-4

Ⅰ. ①山... Ⅱ. ①刘... Ⅲ. ①农村-群众自治-研究-山东 Ⅳ. ①D638

中国版本图书馆 CIP 数据核字(2020)第 241028 号

策划编辑 李 港
责任编辑 李 港
封面设计 王 艳

出版发行 山东大学出版社
社 址 山东省济南市山大南路 20 号
邮政编码 250100
发行热线 (0531)88363008
经 销 新华书店
印 刷 山东和平商务有限公司
规 格 787 毫米×1092 毫米 1/16
10.25 印张 189 千字
版 次 2020 年 10 月第 1 版
印 次 2020 年 10 月第 1 次印刷
定 价 42.00 元

前　言

在农村经济、社会及政治变革的背景下，农民的利益诉求和政治主张凸显了其政治参与的重要性。作为农民政治参与的重要组成部分，村民自治参与的程度和水平不仅直接制约着农民问题的解决程度，而且还关系着我国的民主进程，对促进我国的民主发展至关重要。

本书的主要目的在于揭示当前村民自治的参与现状及具体的行为特征，并探讨村民自治参与行为的影响机理，从而为促进村民自治参与提供依据。基于研究目的，本书在总结村民自治参与行为相关文献资料及重要理论的基础上，对村民自治过程中涉及的核心概念进行了界定，构建了农村居民参与村民自治行为的驱动机理理论模型，并对模型中变量之间的关系进行了假设。根据计划行为理论的变量测量方法，对研究涉及变量进行量表设计，编制了《农村居民村民自治参与行为影响因素调查问卷》，并按照随机分层抽样方法对山东省德州市平原县、菏泽市定陶区、临沂市沂南县3个县(区)中的400名受访者进行了调查。统计分析当前农村居民参与村民自治的行为现状，探讨群体特征对参与行为的具体影响，并基于结构方程模型、多元线性回归验证理论模型中的心理认知变量与阶层地位变量对各维度村民自治参与行为的影响效应进行研究。最后在对比不同类别村民自治参与行为影响因素差异的基础上，提出切实可行的政策建议。

本书的主要研究内容及结论如下：

第一，农村居民参与村民自治的现状。从参与意愿、心理认知因素及行为等角度，对农村居民的村民自治参与情况进行描述性统计。研究发现，民主选举和民主决策的参与情况较好，民主监督和民主管理的参与水平较低。农村居民基本能够正确认知村民自治内涵及其产生的积极结果，村民自治主观规范与知觉行为控制处于中等水平。

第二，农村居民参与村民自治行为的群体特征。通过单因素分析方法、方差分析方法，检验村民自治参与行为在个体特征、村庄特征等方面存在的差异性。结果表明：男性在民主选举过程中的参与程度更高；青壮年具有更高的民主决策参与率，年轻一代的农村居民民主管理参与程度低；具有村干部任职经历的农村居民在各维度的村民自治参与中均呈现出更高的参与程度；外出务工的农村居民在民主监督和民主管理参与上均呈现出较低的参与情况。村庄特征方面，随着村财规模的增加，农村居民的民主管理参与率大体呈现先降后升的趋势；小规模村庄的农村居民民主选举参与率要明显高于较大规模村庄，较大规模村庄农村居民的民主监督参与程度很低，村庄规模较小或过大均不利于农村居民的民主管理参与。

第三，心理认知因素对村民自治参与行为的影响。利用结构方程模型分析心理认知因素对村民自治参与行为的影响。研究发现，各类别村民自治参与行为的心理认知影响因素存在差异，身边重要他人及机构的支持有助于农村居民参与民主选举活动，对自身村民自治参与能力、条件的积极评价能够促进民主决策参与行为和民主监督参与行为的做出。

第四，阶层地位对村民自治参与行为的调节效应。利用多元线性回归方法，分析阶层地位对村民自治参与行为的调节效应，发现在参与意愿转化为民主选举参与行为的过程中，阶层地位不发挥调节作用；在其他条件不变的前提下，随着主观社会阶层地位的提高，参与意愿转化为民主决策参与行为的可能性会随之降低；主观社会阶层地位、收入阶层地位以及教育阶层地位均在参与意愿转化为民主监督参与行为的过程中发挥正向调节作用；主观经济阶层地位会增强参与意愿对民主管理参与行为的促进作用。

第五，不同类别村民自治参与行为的影响因素存在差异。个体特征及村庄特征对各类别村民自治参与行为的影响存在差异；心理认知因素对民主决策参与行为和民主监督参与行为的影响逻辑较为接近，对民主选举参与行为和民主管理参与行为的影响逻辑较为相似，各变量对不同维度村民自治参与行为的作用力度差异明显；阶层地位对参与意愿向民主选举参与行为的转化不发挥调节作用，对民主监督参与行为转化的正向调节作用最高，会在一定程度上限制民主决策参与行为的转化。

根据研究结论，本书提出几点促进农村居民参与村民自治的对策建议：促进村民自治各维度的均衡发展，重点关注民主监督和民主管理的参与情况；关注重点人群的村民自治参与，实行多元化的参与激励措施；加强村民自治的宣传动员，提升农村居民的心理认知水平；加大对村民自治组织的支持力度，发挥社会资本的积极作用；提高村民自治的经济、教育等基础条件。

本书是山东工商学院博士科研启动基金“代际差异视角下农村劳动力转移对村民自治参与的影响效应及应对策略研究”（编号：BS201822）、山东省高等学校青创科技支持计划·山东省高等学校优秀青年创新团队项目“生态优先视角下山东特色乡村振兴路径、模式及政策协同创新研究”（编号：2019RWG020）的阶段性研究成果。由于水平有限，书中难免存在不当之处，请各位读者批评指正。

作　者

2020 年 10 月

目　录

1 概 论

1.1 研究背景与问题提出

1.1.1 研究背景

在农村经济、社会及政治领域变革的背景下，农民的利益诉求和政治主张凸显了其政治参与的重要性。村民自治顺应了当前农村民主建设的趋势和要求，扩大了农民政治参与的范围。村民自治中农民参与的程度和水平不仅直接制约着“农民”问题的解决程度，而且还关系着我国的政治民主进程，对促进我国的政治稳定及基层民主发展至关重要。村民自治是在农村社会转型时期探索出来的新型民主治理模式，是我国基层民主政治制度的重要组成部分。

村民自治的起源可以追溯到 20 世纪 80 年代第一个村民委员会的成立。1982 年，村民委员会被宪法定位为基层群众性自治组织，为后续村民自治制度的形成奠定了基础。1987 年出台的《中华人民共和国村民委员会组织法（试行）》，从组织程序、产生方式及功能定位等诸多方面对村民委员会进行了全面的规定，至此，村民自治制度在我国初步确立。1998 年修订出台的《中华人民共和国村民委员会组织法》对村民自治的内容及运行程序作进一步明确，村民自治进入全面深化阶段。经过 30 多年的发展，村民自治的实践过程为我国政治民主的推进提供了重要的经验与借鉴。

从应然性层面来看，村民自治是农村基层民主的实现形式，在实现农村居民政治权利、保障其利益诉求等方面发挥着重要作用；从实然性层面来看，村民自治是在政府的指导、支持下，实行的自下而上的民主政治改革，对我国政治现代化的实现具有重大影响。2005 年，党的十六届五中全会明确了社会主义新农村建设的基本要求，并立足于扩大农村基层民主，提出了完善村民自治制度、调动农民参与积极性等方面的工作目标。党的十七大报告、十八大报告又相继将完善基层民主自治机制、推进民主监督作为基层民主治理的工作重点，彰显了国家对保障农民政治权利的重视。2014 年、2015 年的中央一号文件提出要积极探索符合各地实际的村民自治有效实现形式，强调了创新和完善乡村治理机制的重要性，为我国村民自治的完善与深化开拓了全新的视野。党的十九大报告进一步作出了乡村振兴的战略部署，从健全乡村治理体系、丰富民主形式、拓宽民主渠道等方面为今后一段时期的村民自治工作指明了方向。

村民自治实施以来，我国农村社会治理成就突出，从根本上改变了传统的自上而下的治理模式，确立了农民在农村社会治理中的主体地位，农民的政治参与积极性得到了巨大提升，整体的参政意识与政治认知水平得到了显著提高，有力地推动了我国的社会主义新农村建设，为政治现代化的发展奠定了基础。与此同时，农村居民在村民自治过程中的参与程度长期在低水平徘徊、参与能力不能满足参与要求、被动式或动员式的参与等问题仍然广泛存在。因此，政界与学界有必要关注农村居民的村民自治参与问题，继而为保证村民自治的高质量运行出谋划策。

1.1.2 问题提出

随着村民自治制度的推进，影响村民自治参与程度的经济社会背景因素也在发生着变化。在新农村建设开展和各项惠农政策实施的背景下，村民自治组织的角色发生了转变，村民自治活动亟须得到农村居民的支持。伴随着产业结构的调整，农村转移人口大量增加，农村居民在职业、教育、收入等层面的差异也逐渐明显。在农村社会流动及阶层分化的双重冲击下，如何促进村民自治发展值得思考。诚然，村民自治的健康发展会受到经济、政治、文化背景等宏观层面的影响，亦会受到村庄组织建设等中观层面的影响，但农村居民的实际参与却是至关重要的，只有实现“要我参与”向“我要参与”的转变，才能推动村民自治的完善，促进基层民主的实现。那么，农村居民的村民自治现状及特点如何？农村居民村民自治参与行为的内在心理机制是什么？农村地区的阶层分化对农村居民参与村民自治的行为产生什么样的影响？这些问题的解决将为把握当前农村居民的村民自治参与需求和态度状况，摸清村民自治参与行为的影响机理，进而为探求村民自治促进路径提供参考。鉴于此，深入探讨村民自治参与行为受哪些因素影响，并分析如何促进农村居民参与村民自治是政界与学界工作者面对的重要课题。

1.2 研究目的及意义

1.2.1 研究目的

本书为揭示当前村民自治的参与现状及具体的行为特征，并探讨村民自治参与行为的影响机理，从而为促进村民自治参与提供依据，按照“提出问题—理论分析—实证分析—解决问题”的逻辑思路展开研究。

本书尝试将农村居民参与村民自治的行为细分为选举、决策、监督及管理四个维度，以计划行为理论、社会资本理论及社会分层理论为基础，辅之以相关研究成果，构建有中国特色的农村居民参与村民自治行为的影响因素理论模型。采用随机分层抽样的方法进行数据收集，通过数据分析验证群体间差异是否对村民自治参与行为产生影响，并解释不同类别村民自治参与行为的内在心理机制，检验阶层地位在参与意愿向村民自治参与行为转化过程中的调节效应，最后通过对比分析，提出有针对性的参与村民自治激励措施，以期为我国现阶段的农村社会治理提供有益建议。

1.2.2 研究意义

1.2.2.1 理论意义

本书遵循“变量界定—模型构建—假设提出”的逻辑思路对农村居民参与村民自治行为的影响机理进行分析，在计划行为理论的基础上构建研究初始模型，逐次添加村民自治认知、社会资本、阶层地位与群体特征等自变量，形成本书的综合模型，进一步探讨模型中心理认知因素、社会资本因素、群体特征因素及阶层地位因素对村民自治参与行为的作用机制与影响路径，是对村民自治参与行为理论研究的重要补充。将村民自治参与行为细分为民主选举参与行为、民主决策参与行为、民主监督参与行为及民主管理参与行为四个维度，揭示不同类别村民自治参与行为逻辑的差异，并对各类别村民自治参与行为在不同角度的影响效应进行比较分析，拓展了村民自治参与行为的研究视角。本书借鉴计划行为理论的变量测量方法设计得出的村民自治参与行为影响变量量表，对未来该领域的相关研究具有工具性参考价值。

1.2.2.2 现实意义

第一，释放更多解决“三农”问题、推动社会主义新农村建设的政策建议。中国的农村、农业和农民问题较为复杂，学术界对“三农”问题的研究多从经济维度展开，对于农村民主政治问题，特别是村民自治中农民政治参与的研究有待深化。农民问题是“三农”问题的核心，其根本在于农民基本权利的实现。因此，立足于农村居民参与村民自治的现状及行为特征的研究，可以反映出当前农村居民参与村民自治的水平及特点，对于把握农村民主政治发展情况、推动社会主义新农村建设政策措施的提出具有重要的现实意义。

第二，对于促进我国基层民主政治的发展具有参考价值。村民自治是农村居民政治参与的重要组成部分。农村居民在我国总人口中占据较大比重，其村民自治参与程度的高低决定着我国基层民主政治的发展水平。基于理论模型，实证分析心理认知因素、群体特征及阶层地位等对农村居民参与村民自治行为的影响逻辑，有助于掌握每个群体的特点和要求，探索切实可行的村庄治理参与有效途径，从而全面提高农村居民的民主自治水平，并最终为我国基层民主政治的发展提供有益参考。

第三，为构建社会主义和谐社会提供借鉴。作为构建社会主义和谐社会的重要目标，农村社会的稳定与发展离不开农村居民民主自治参与的支持。因此，维护农村社会稳定与发展就必须扩大农村居民有序的民主自治，调动广大农村居民参与社会主义建设和发展的积极性。改革开放以来，由于职业、经济收入、身份地位的差别，我国农村居民内部分化成了许多不同的阶层，而每个阶层都有自己的特点和利益，因此，他们对待政治参与的态度、方式和要求也不尽相同。综上，基于阶层地位的视角，分析阶层地位与民主自治参与的相互联系，探索阶层分化背景下农村居民的村民自治参与推动方式，能够在推动农村社会稳定与发展的基础上，为促进社会主义和谐社会的构建提供些许借鉴。

1.3 国内外相关研究综述

1.3.1 国外相关研究

我国村民自治制度自实施以来，受到了国际知名学者的持续关注，他们从多个角度入手，提出了各自对我国村民自治的研究观点。其中比较著名的有美国的欧博文、柯丹青、戴慕珍、谭青山，新加坡的郑永年以及澳大利亚的何包钢等。研究成果主要见诸《中国季刊》(*The China Quarterly*)、《美国政治学评论》(*American Political Science Review*)、《澳大利亚中国事务杂志》(*Australian Journal of Chinese Affairs*)等国际知名刊物上。

1.3.1.1 村民自治的定位

关于村民自治的评价，学者们主要关注村庄民主选举的行为以及农民民主权利意识的觉醒。帕斯特尔(Pastor)和谭青山从我国农村实行民主选举的意义角度入手,提出村民选举是保障农村社会稳定的有效方式。李连江通过对江西20村的数据调查,分析得出:村民选举在唤醒村民政治参与权利意识方面具有促进作用,村民选举能够促进政治效能感的提升。柯丹青(Kelliher)根据村民自治是否应该推行的争论,认为赞成者是出于选举对村庄治理有效性的考虑,反对者则主要担忧选举结果,担心选举产生的村干部的能力与道德品质不能完成带领村民自我管理的任务。裴敏欣(Lawrence)根据调查研究发现村民自治制度的实施促进了民主政治的发展。马尼恩(Manion)基于实证调查分析得出,村民自治中村委会的选举是真实的,村民在选举中会偏好于选择跟自己观点相近的候选人。

1.3.1.2 村民自治产生的原因

国外学者历来对我国的民主发展较为关注,而作为我国基层民主重要组成部分的村民自治一度成为国外学者的研究热点。关于村民自治产生的原因,学者们进行了较高频率的探究,根据研究视角,大体可以归纳为以下两类:

一是基于乡村政权衰败的视角。村民自治发起的直接原因是为了规范农村社区内混乱的社会秩序,而并不是对民主治理的期待。欧博文(K. O'Brien)和李连江基本认同上述观点。他们认为,村民自治本质目的是为了遏制农村社会秩序的恶化,所以,村民自治是基于乡村政权衰败引发农村社会失序而产生的农民自救。谭青山提出,村庄民主选举替代了人民公社时期的村干部任命形式,农村社会因此出现了权力的真空。郑永年将这种国家权力在农村社会的收缩称为"国家的制度性回撤"。

二是基于维护农村地区社会稳定的视角。农村地区经济的发展,部分村干部的腐败行为激发了农民的抵触情绪,干群关系趋于紧张,同时,村干部缺乏执政能力也是促使实行村民自治的重要原因。从结果层面来看,实行村民自治,可以减弱村民对村庄领导者的抵触心理,对于税费的缴纳及其他工作的响应更加积极;民选的村委会,在政令施行及村庄社会秩序维护方面更能获得农民的支持。

1.3.1.3 阶层地位的测量

社会结构中存在着诸如收入、职业、教育等客观社会资源的群体间差异,造成了群体间社会阶层地位的分化,同时,个体间对自身阶层地位的评价已存在差异。阶层地位是一个复杂的概念,学者们对它的测量大体可以分为三种取向:强调阶层地位的客观成分,强调阶层地位的主观成分,兼顾主客观成分。客观倾向论的学者们主要从教育、收入、职业等指标进行测量,部分研究者只选择单一指标，研究较多的是受教育程度指标和收入。也有研究者将多个指标结合，对阶层地位进行衡量。有些研究者还尝试将多个指标加总，形成综合指标。主观倾向论学者认为主观阶层地位主要是个人通过其自身条件及境遇对自我地位的认定。克里斯蒂(Christie)和巴林(Barling)基于声望和资源等层面对个体的阶层地位进行主观评价。

1.3.1.4 社会资本的内涵

“社会资本”最先被社会学提出并使用，关于其的研究陆续受到政治学、法学以及经济学领域学者的关注。关于社会资本的解释，国外研究主要从网络、信任、参与、关系等几个方面展开。社会网络说认为，社会资本是个体掌握资源的集合体，而这种资源的多寡受某些被公认的体制化关系网络影响。社会信任说认为，社会资本本质上是一种力量，而这种力量产生于社会的普遍信任。社会关系说从功能层面对社会资本进行定义，认为社会资本存在于人际关系的结构中，为具体的社会结构内部的个体行动提供便利。帕特南从政治学视角对社会资本进行解读，指出社会资本是社会组织的特征之一，具体包括网络、规范、信任等，这些特征会促进社会组织中个体的合作行为。

1.3.1.5 农民参与村民自治的影响因素

关于村民自治影响因素的研究，学者们主要从村庄的经济情况、政治体制、社会组织等方面进行探讨。

在村庄经济发展情况层面，部分西方学者较为关注农村经济情况与村民政治参与的相关性。美国学者欧博文通过对中国农村的实地调查，结合新闻报道，发现经济发展情况对《村民委员会组织法》的实施情况具有重要的影响。相比经济上贫穷的村庄，经济富裕的村庄进行村民民主选举、实行村民自治更能取得成功，而实际上，村民自治达标的村庄也主要是有集体企业、经济总体富裕的社区。苏珊(Susan)针对这一问题给出了截然相反的解释，认为经济情况差并不总是会抑制村庄治理的发展，村级事务难以管理，经济发展成效又不突出，会促使基层领导者尝试新的村庄治理方式。吉恩(Jean)亦认为“草根民主”的产生在经济发展相对落后的村庄更容易实现。史天健通过对 551 个村庄的调查研究发现，经济发展水平与村庄民主选举并非简单的线性相关关系，经济发展水平中等的村庄，其推行民主选举的动力更大，经济发达的村庄反而会激发经济或政治精英的生产，从而影响村庄选举的公正性。此外，关于阶层地位与公民政治参与的关系，很早就受到了部分学者的关注。他们认为，在社会常规政治参与过程中，社会经济地位高的公民往往参与程度更高。

在政治因素层面，多数海外学者均认为地方政府在村民自治中发挥着负向作用。谭青山认为，村民自治容易受乡镇政府的控制，乡镇政府在村干部的选举过程中往往为了便于管理而起到消极作用。欧博文基本同意谭青山的观点。他指出，乡镇政府会通过各种各样的手段影响村委会，从而削弱了村委会的作用，偏离了民主选举的目的。此外，有学者指出，目前我国的民主选举大多缺乏标准化选举程序，致使难以实现公平、公正、自由和有意义的选举，选举结果难以令人信服。约翰(John)指出，《村委会组织法》对候选人的选择并没有明确的规定，候选人产生过程的不透明性容易导致西方观察者对村民选举的有效性产生质疑。

1.3.2 国内相关研究

1.3.2.1 研究文献统计分析

(1)村民自治的研究趋势

在中国知识基础设施工程(CNKI)数据库中检索"村民自治"主题，根据研究文献的年度分布得出1984～2017年以"村民自治"为研究主题的文献数量变动情况(见图1-1)。研究文献的数量变动情况一定程度上可以反映学术界对村民自治的关注程度。从整体研究趋势来看，村民自治的研究呈现为以下四个阶段：

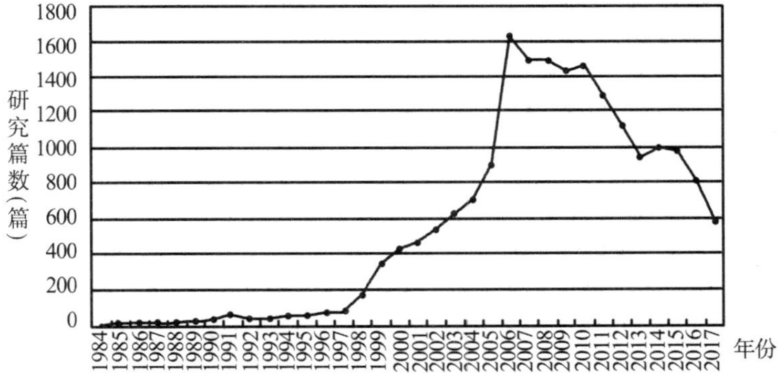

图1-1 1984～2017年以"村民自治"为研究主题的文献数量变动情况

数据来源：中国知识基础设施工程(CNKI)数据库汇总，数据截至2017年年底。

第一阶段(1984～1997年)是村民自治研究的萌芽阶段。在阶段前期(1987年前)，由于没有明确的法律、法规对村民自治进行指导与保障，所以村民自治的分析尚处于探索之中，研究主要围绕村委会性质与作用等角度开展；在阶段后期(1988年之后)，《中华人民共和国村民委员会组织法(试行)》颁布，研究规模有所提升，学者们开始关注村民自治的制度建设与自治实践等方面的问题。

第二阶段(1997～2006年)是村民自治研究的高速发展阶段。受《中华人民共和国村民委员会组织法》出台的影响，村民自治的研究成果呈井喷式增长。在此阶段，村民自治的研究规模从1997年的78篇增长到2006年的1633篇，年均增长率高达161.7%。在研究取向上，出现了政策研究与学理研究之分，学者们在着眼于解读与改进村民自治制度的同时，试图利用个案研究对村民自治实践作出普遍性的解释。

第三阶段(2006～2010年)是村民自治研究的繁荣阶段。村民自治属于"三农"问题的研究范畴，受新农村建设政策推动，农村问题特别是农村的政治建设持续受到学术界的关注。此阶段的研究成果规模虽略有波动，但一直维持在每年1400篇以上，学术界对村民自治问题的研究热情不言而喻。基于新农村建设的研究视角，分析村民自治问题是这一阶段的热点话题。学者们主要从新农村建设与村民自治的内在联系、存在问题及成因、相应的解决措施等方面进行探讨，但研究成果重复较多，跨学科研究、实证研究较少。

第四阶段(2010年之后)是村民自治研究的成熟阶段。此阶段村民自治的研究成果数量较2006～2010年有所减少，但总体规模依然维持在较高水平。在以往研究的基础上，此阶段的研究开始反思现行的制度建设，从发展困境与制度完善角度对村民自治进行探讨；更加关注自治质量的研究，关注妇女等弱势群体的自治参与情况；外部环境包括传统文化、乡规村约等因素对村民自治的影响也受到学者们的关注。

(2)村民自治研究的学科分布

从村民自治研究成果的学科分布情况(见图1-2)来看，村民自治的研究主要集中在政治学、法学等学科，其中政治学领域针对村民自治的研究较为丰富，研究成果占村民自治研究文献总规模的67%。从村民自治的研究历程来看，村民自治的研究始于政治学科，逐步形成了由单一学科探索向多种学科融合、交叉研究的转变。早期政治学者立足于村民委员会的讨论，而徐勇的专著《中国农村村民自治》从民主价值角度考察村民自治，标志着"价值—制度"范式在村民自治研究中的诞生。2010年之后，学术界呼吁村民自治回归本位，"形式—条件"的研究范式应运而生，实现了研究重心由国家制度向自治价值的转变，明确了根据村民自治的内在因素和利益诉求决定村民自治实现形式的研究思路。以徐勇、贺雪峰等为代表的华中师范大学研究团队通过长期驻点的田野调查，以历史变迁的角度对某个村庄一段时期内的治理体制及运行机制等方面进行勾勒，力求更全面、更真实地反映村民自治的实施进程。从主体角度研究村民自治参与程度、自治质量以及不同群体的自治参与情况成为当下学术界的热点话题。社会学学科对村民自治的研究相对较少，但社会学的经验研究方法被政治学领域的学者们普遍应用于研究中。法学界对村民自治的研究主要集中在从宪法与行政法角度对自治制度的解读与设计，包括村民自治组织的地位、运行原则、选举制度、议事规章等方面。研究主要可以分为以下几个方面：其一是对《村民委员会组织法》立法进程的探讨以及从法学角度对村民自治的政策进行梳理与解读；其二是从村两委的关系、村民自治组织与乡镇政府的关系、村民与村干部的关系等角度对制度的实施困境进行分析；其三是聚焦村民自治中的单个具体问题进行深入研究，例如村民的选举权利、监督权利，并从制度保障的角度提出法律上的解决之道。

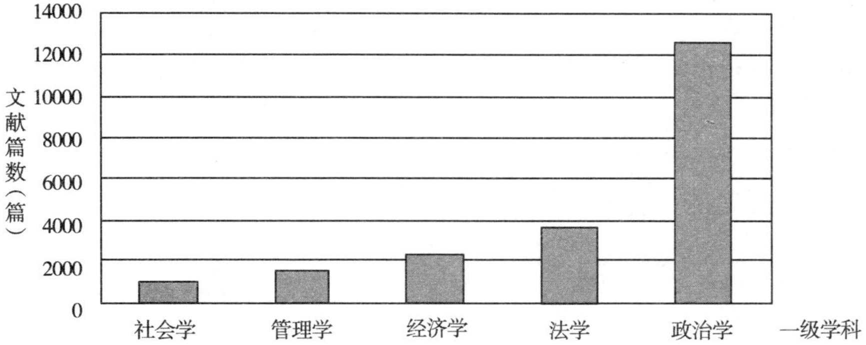

图 1-2 “村民自治”主题研究文献的学科分布情况

数据来源：中国知识基础设施工程（CNKI）数据库汇总，数据截至 2017 年年底。

(3)村民自治的代表研究成果

通过中国知网数据平台以“村民自治”为主题进行检索，并将被引频次前 10 位的文献进行汇总，如表 1-1 所示。从学科类别上来看，有 8 篇文章属于政治学的研究范畴，《论我国农村土地权利制度的完善》与《中国村民自治的法学思考》2 篇文章包含在法学目录下。从文献的第一作者署名单位来看，主要包括华中师范大学、中国社会科学院、中共中央党校、中国人民大学、中国科技大学，其中以华中师范大学为第一作者署名单位的文献有 6 篇，其余机构各 1 篇。研究学者以徐勇、贺雪峰、仝志辉等为代表。从发表年度来看，七成的文献集中发表于1998～2002年。

徐勇在《县政、乡派、村治：乡村治理的结构性转换》一文中提出伴随乡村社会的转型，明确了县、乡、村三级治理体系，提出建立“县政、乡派、村治”的治理结构，力求实现乡村治理体系中权、责、能的均衡。贺雪峰、仝志辉在《论村庄社会关联——兼论村庄秩序的社会基础》一文中明确了村庄社会关联的内涵，提出民主化的村级治理必须结合具体的村庄社会基础，即特定的社会关联类型。仝志辉、贺雪峰在《村庄权力结构的三层分析——兼论选举后村级权力的合法性》一文中根据社区记忆的强弱与村庄经济社会分化程度，将我国农村的权力结构划分为四种类型，借助“体制精英—非体制精英—普通村民”的三层分析工具对村庄权力的运行情况进行分析，并在此基础上提出了村委会选举后根据不同权力结构特征构建合法性村级权力的设想。崔智友在《中国村民自治的法学思考》一文中提出了将村民自治制度纳入宪法的设想，其通过对法律文本的梳理，指出村民自治的主体是全体村民，村民会议是其最高权力机关，村民委员会是其执行机关，村民参与自治的权利资格由户籍关系决定。徐勇在《村民自治的成长：行政放权与社会发育——20 世纪 90 年代后期以来中国村民自治发展进程的反思》中，通过对 20 世纪 90 年代以来村民自治发展困境的反思，提出村民自治要去行政化，为村民自主参与提供空间，同时要培育村民自治组织，为村民自治的成长提供社会条件。徐勇在《现代国家的建构与村民自治的成长——对中国村民自治发生与发展的一种阐释》中强调了农民在村民自治中的主体地位，其认为中国社会主义民主政治的发展必须要整合分散的农民，借助农民的力量发展促进村民自治的成长。

表 1-1　被引频次前 10 位的“村民自治”主题文献具体情况

篇名	作者	文献来源	发表年度	被引频次
《县政、乡派、村治：乡村治理的结构性转换》	徐勇	《江苏社会科学》	2002	677
《村政的兴衰与重建》	沈延生	《战略与管理》	1998	653
《论村庄社会关联——兼论村庄秩序的社会基础》	贺雪峰、仝志辉	《中国社会科学》	2002	553
《村庄权力结构的三层分析——兼论选举后村级权力的合法性》	仝志辉、贺雪峰	《中国社会科学》	2002	510
《论半熟人社会——理解村委会选举的一个视角》	贺雪峰	《政治学研究》	2000	427
《治理转型与竞争——合作主义》	徐勇	《开放时代》	2001	383
《中国村民自治的法学思考》	崔智友	《中国社会科学》	2001	347
《村民自治的成长：行政放权与社会发育——20 世纪 90 年代后期以来中国村民自治发展进程的反思》	徐勇	《华中师范大学学报(人文社会科学版)》	2005	334
《现代国家的建构与村民自治的成长——对中国村民自治发生与发展的一种阐释》	徐勇	《学习与探索》	2006	278
《论我国农村土地权利制度的完善》	王利明、周友军	《中国法学》	2012	259

数据来源：中国知识基础设施工程(CNKI)数据库汇总，数据截至 2017 年年底。

1.3.2.2 村民自治的内涵

“村民自治”的提法最早见诸1982年我国修订颁布的宪法第111条，其将村民委员会定义为基层群众自治性组织。随着村民自治实践的逐渐开展，关于村民自治的解读与界定也逐渐成熟。近年来，国家相关权力部门和部分学者对村民自治的内涵作出了许多解读。1998年，全国人大常委会法制工作委员会、国务院法制办公室、民政部基层政权和社区建设司将村民自治界定为：广大农村地区的农民群众按照法律规定设立村委会，依法管理村庄的基层事务，它是一项基层群众民主自治制度，也是落实基层直接民主的一项基本政策。1999年，国务院法制办公室政法司进一步将村民自治解读为村民的自我管理、自我教育、自我服务。根据全国人民代表大会常务委员会修订通过的《中华人民共和国村民委员会组织法》中的具体规定，村民自治被定义为广大农民群众行使民主权利，也是一项基本的社会政治制度，其核心内容是民主选举、民主决策、民主管理、民主监督。

王仲田、詹成付将村民自治定义为一项新型社会组织管理制度。徐勇、许安标强调村民自治是农村基层人民群众在《村民委员会组织法》的规定下，依法处理与村民利益相关的村内事务的活动。何泽中认为村民自治是一个综合性的概念，从自治理念、治理模式、基层民主制度、自治参与活动方式等方面对村民自治进行了全新的解读。他指出，村民自治制度的价值理念和取向包括自由、民主和权利三个层面，自治理念的精髓是自由，核心是民主，关键是权利；村民自治是一项综合性的制度概念，其融合了农村基层政治、农村基层民主、农村社会管理、农民组织等多个维度的内容；村民自治开创了一种全新的农村基层治理模式，由直接干预转变为间接引导，基层农民群众由被管理转为自我管理；作为一种活动方式，村民自治强调了村民自我管理村庄事务的工作方式以及民主自治原则下的工作作风。崔智友认为村民自治属于基层社会的社区自治，其自治体不属于政权组织，其本质上脱离了国家行政体制，不受地方政府的行政干预。村民自治是全体村民的自治，自治主体既非村民个人，也不是村民委员会。村民自治的主体是具有农村户籍的全体村民。张景峰通过对宪法和相关法律法规的梳理，从制度和行为两个层面对村民自治的内涵进行了法学分析。从制度层面来看，村民自治作为经法律确认的基层自治制度，其是基层民主的一种类型，同时也是基层自治的一种类型。根据村民自治的本质属性，村民行使自治权的区域范围被限定为法定村，而自治对象主要针对村庄内部的公共事务和公益事业。从行为层面来看，村民自治是村民在法定村范围内行使民主自主权的活动，行为主体是具有自治权的村民。总的来说，村民自治是受法律保障的一种基层民主行为。蒋永甫、谢舜从村庄内生与行政嵌入两个维度解读村民自治这一制度安排。村庄自治源于村庄的自发产生，但村民委员会被《中华人民共和国村民委员会组织法》规定为接受党和政府“指导、支持和帮助”，所以村民自治在治理农村公共事务的同时，也要完成上级政府下派的各种行政任务。

1.3.2.3 村民自治的定位

关于村民自治意义及价值的论述，大多数学者持肯定态度，但部分学者从历史演变角度进行逻辑分析，认为村民自治的未来发展难以预料，甚至不切实际。

支持者主要围绕村民自治对民主化进程的作用、民主意识的提高、民主政治道路的创新等角度分析村民自治的民主价值。徐勇强调，作为一种经验性范式，村民自治是我国民主化进程的有效补充，最终将会推动基层民主的实现。其对村民自治民主价值的论述可以归纳为以下几点：其一，村民自治能够帮助村民在自治实践中逐步提高自身的民主素质，培养现代民主理念。其二，作为大众参与式民主，村民自治在实践中形成的民主操作规则与程序，为我国民主化的推进提供了示范。其三，村民自治是实现政治体制改革与社会主义基层民主的路径。乔耀章认为在民主建设中应摆脱固有的“谁先谁后”的思维定式，在自上而下高层民主的推动作用下，基层民主和高层民主建设可以纳入共时态的发展轨道，村民自治先行一步也未尝不可。实践中，农民的主体地位在村民自治中得以体现，农民的利益及精神诉求在自治中得以实现。实践证明，村民自治实现了村庄事务管理的规范化、法制化与程序化，开创了一条坚实的社会主义农村民主政治道路。贺雪峰则倡导关于村民自治价值的研究应尽快转变为对功能合理的关注。其认为村民自治具有内外两个方面的功能特征：内功能属性可以将村民自治视为国家层面的民主化的准备工作，是开展民主宪政的根基；村民自治外功能的溢出效应是国家可以借助农民的组织力量监督村干部及基层政府的乱摊派和不廉洁行为，节约国家基层治理成本，提高治理效率，密切干群关系。

否定者从历史维度进行考察，认为村民自治不符合历史逻辑，与现有的民主政治改革理论亦存在冲突。党国印认为村民自治并非民主政治的起点，乡村力量难以推动全社会的政治变革。他通过历史回顾与逻辑判断发现，在民主政治发育不足的前提下，民主政治由乡村发起的变革模式尚无先例。严格意义上来说，现行的乡村民主自治是一场“乡村政治动员令”，其发展后果难以预料。沈延生从村庄的历史演变谈起，勾勒出每个历史阶段村庄治理的特点，根据历史经验指出现行的村民自治难以摆脱各级地方政府的行政干预，其不可能成为现阶段我国民主建设的起点和突破口。蒋永甫、谢舜着重从村庄治理的视角分析村民自治的民主价值。他们指出，村民自治作为一种乡村组织形态和管理体制，虽然具有内生的民主性质，但其产生及运行具有外部嵌入属性，是自上而下的制度供给，作为一种指导型民主，村民自治在实践中不可避免地要受到上级行政权力的干预，这限制了其民主发挥的空间。

1.3.2.4 农民参与村民自治的现状

村民自治是农民政治参与的载体和依托，参与村民自治是农民政治参与最主要的途径。现阶段，农民的政治参与主要体现在村民自治中。众多学者对农民政治参与内容进行论述时，也主要从村民自治中的选举参与、决策参与、监督参与以及管理参与展开。根据上述学者们的论述，可以认为村民自治参与本质上是村民自治中的政治参与，是村民政治参与的重要组成部分。目前，学术界关于农民制度化政治参与的研究以村民自治参与为主。

部分学者通过实证调研发现，基层民主的发展程度并不完全受地区经济因素的影响。总体来看，现阶段我国的农村民主发展尚处于低位运行，农民对村民自治的参与程度普遍不高、参与意识不强，动员型参与较为普遍。韦爱华基于河北省北苏闸村的田野调查，发现村民自治的参与特征主要表现为：多数村民对村庄选举制度持肯定态度，且介入程度较高，但参与选举的深度与广度有待提高；村民参与民主决策和管理的程度明显不足，参与群体固化显著；民主监督的整体参与率偏低，监督的认知水平有待提高；具有参与意识、缺乏参与主动性的情况较为普遍。李振谊在对村民自治中村民选举参与的研究中发现：村庄选举程序失范、过程随意与制度安排不符，影响了村民选举参与的深度与广度；利益诉求提升了村民选举参与的愿望，但低组织化的参与无法唤醒村民的权利意识，限制了村民选举参与的质量；利益分化引发了村民利益诉求的多样性，村委会的角色决定了其利益表达的唯上性，当村委会的职能发挥不能实现村民的利益期望时，政治冷漠与消极参与便会随之出现。

随着村民自治参与研究的深入，不同自治内容间村民参与状况的非均衡发展受到了学术界的关注。赵修华、谢娟对我国村民自治中的村民参与现状进行了分析，发现村民参与村民自治的行为具有选择性，对村委会的换届选举参与偏好较高，而对民主决策、监督、管理层面的参与较为冷淡。高腾飞等基于系统论分析了村民自治中四个民主内容的相互关系：民主选举是前提，民主决策是基础，民主管理是中心环节，民主监督是实施保障。也指出了它们非均衡的发展现状：民主选举发展成绩显著，其他三个方面相对滞后，究其原因主要是缺乏民主决策、管理、监督的表达途径；村民素质限制了其参与能力的发挥等。

此外，部分学者开始关注村民自治主体类别间的参与差异问题。熊光清通过比较流动农民与非流动农民村民自治活动的参与情况，发现流动农民与非流动农民相比需要支付更高的自治成本，自治意愿的降低导致其参与村民自治活动的减少，这一态势在村民民主选举过程中尤为突出。王林基于河南省个案村的走访调查，根据职业、收入以及声望和社会地位等变量的个体差异将农民群体划分为精英群体、普通村民、弱势群体三类群体，从参与意识、动机、行为、方式四个层面对农民参与村民自治的差异性进行实证分析，发现：群体间的村民自治参与意识呈现由“精英群体—普通村民—弱势群体”逐层次递减的特征；精英群体的村民自治参与动机表现为利益诉求，普通村民的动机融合了责任信念与利益追求两个方面，弱势群体则更多地表现为“组织动员”式的被动参与；在实际参与过程中，精英群体表现为态度积极、主动参与，普通村民表现为态度积极、消极参与，而弱势群体多表现为政治冷漠、动员性的被动参与；在参与方式的选择上，三个群体的态度表现出惊人的一致，均认为非制度化参与形式的效果要优于制度化参与形式。

关于农民村民自治参与情况的研究，学者们的论述虽大致相近，但仍存在较大程度的分歧。总结已有研究可以发现，学者们普遍采用基于样本村的个案调查，而样本村的分布差异较大，地区间经济发展、社会结构、政治文化等方面存在较为明显的差异，从而造成了学者们针对相同问题多样化的回答，这从另一个角度也证明了当前村民自治发展程度存在明显的地区差异。

1.3.2.5 农民参与村民自治的动机

关于农民自治参与动机的研究，学者们通过论证，认为大体可以分为两个方面：经济利益动因和非经济动因。徐勇指出，村民在村庄选举中的参与受利益机制的影响，这种利益诉求可以体现为村集体或小团体的公利，也可以是个体的利益表达。胡荣、王泉超研究发现，村民自治参与的动机与利益获取的关联程度较高，且村民更为注重长期效益的获取。在具体的村民自治实践中，利益需求至关重要，它直接影响着村民自治参与的深度与广度。理性选择理论认为，绝大多数个体在进行行为选择时受自我利益的驱使，往往会作出理性自利偏好的选择。在村民自治实践中，这种理性的选择表现为：涉及个人利益时，一定程度上会促使村民积极主动参与，反之则相对冷漠。

非经济动因的研究者多数承认利益诉求对农民村民自治参与的驱动，他们普遍认为经济利益外的激励因素同样值得关注。当经济利益需要得到满足后，获得政治地位，得到社会的尊重和认可的诉求会促使村民积极参与村民自治。于建嵘通过田野调查发现，农民在村民自治参与中的显著特征是被动性和目标非经济化，农民在民主选举中的投票行为更多是受“做事公道”观念的驱使。赵爱明着重分析了村民对村民自治核心内容——村民民主选举的参与动机，认为村民的民主选举参与在受利益驱动的同时，还要受政治效能感、政治义务感等个人政治认同的驱使。何包纲和郎友兴的研究同样论证了公民责任意识及政治权利观念对村民自治中农民的具体参与行为具有显著促进作用。

此外，部分学者认为村民自治的参与动机存在不确定性，难以具体明确哪种动机占据主导地位。季丽新、南刚志、吕如敏通过调查发现农民自治参与的动机是多样化的，并非完全基于自身利益的理性思考，权利责任意识、外部动员会驱使农民做出参与行为。裴志军以村庄竞选为研究对象，通过对已有研究的总结分析，得出结论：村干部竞选行为，是村民权衡内部需求与外部环境认识后做出的适应性行为，参与个体的差异性会造成参与动机是多样化的。一些学者研究发现，关于参与动机的探讨多为基于个案或具体地域的研究，缺乏共性，无论是经济利益诉求还是公民权利意识的觉醒，均会促进农民参与村民自治，但关于根本动因的解答有待进一步研究论证。

1.3.2.6 农民参与村民自治的影响因素

(1)个体与村庄特征因素

有学者认为，村民自治中的村民参与行为除了受政治文化、政治心理因素的影响外，个体、村庄特征等因素的作用亦不容忽视。韦爱华从参与主体、村庄社会经济结构、政治文化三个维度对影响村民自治参与的因素进行分析。参与主体维度主要包含经济地位、教育程度等个体特征，村庄的经济结构、社会政治结构以及宗族势力等因素对村民自治的参与具有显著影响，政治文化、政治评价等文化因素亦会在一定程度上影响村民的自治参与。郝海波基于华北地区 20 个村的调查分析，发现“乡政村治”的政治格局会加重村两委在村民自治中的行政色彩，农民的参与流于形式，影响农民决策参与的质量。蔡荣、蔡书凯以安徽省 102 个村庄修建农田灌溉设施这一民主管理行动为例，实证分析村庄规模、收入不均等性与修建农田灌溉设施的内在机理，发现村庄规模与村庄内部收入不均等性对因变量的影响呈“倒 U 形”特征，即中等规模、收入差距处于中等水平的村庄更容易实现民主管理。王甫勤认为以往对民众村委会选举参与的研究多集中于个体层面和选举过程的分析，忽略了社会特征的影响。基于《2010 年中国综合社会调查数据》研究发现，在村民民主选举过程中，社区异质性越大，对农村居民参与村委会选举的反向作用越明显。

此外，农村社会经济结构转变对村民自治的影响也日益被学者们关注，此类研究以探讨农村人口转移居多。罗峰提出农民的流动会引发乡村治理的困境，加速农村社区的解体，对农村民主自治实践提出新的挑战。程媛媛认为在具体的实践中，与留守人员相比，农村剩余劳动力转移人员行使选举权和被选举权需要付出更大的成本，身处外地会降低村民的选举参与率，削弱村庄选举的效力。

(2)社会资本要素

目前，学术界普遍认同帕特南对社会资本的解释，即社会资本是信任、互惠、规范、网络等社会内部互动机制。在一个共同体中，互惠规范可以促进社会形成良好的社会秩序，从而推动公民参与相关公共政策的形成，最终提高公民的社会参与水平。我国农村村规民约是一种关系维的社会资本，可以使村民更为诚实，减少交往的投机行为，遵守契约和诺言，履行承诺和义务，从而促进村民间的合作互动，降低参与成本。胡荣实证检验发现，农民的性别、年龄、是否为党员干部等个体特征因素以及社会资本中的社团因子和社区认同因子对农民村庄选举参与正向推动作用显著，社区信任因子并未发挥作用。部分学者关注社会资本对村民自治的双向作用，其可以以规范的形式避免村民自治中的冲突。同时，在差序格局模式的支配下，村民自治参与往往缺乏公正性。苗月霞将社会资本理解为非正式的关系和规范，认为目前农村社区中的三种社会力量的社会资本对村民自治影响显著，分别是：以经济能人、新乡绅为代表的经济势力；以宗教组织和家族联系为代表的宗族势力；带有黑社会性质的组织。这些传统社会资本对村民自治的影响是双重的，所以，改造社会资本存量，增加有益社会资本规模在村民自治实践中势在必行。成城城通过对社会资本的定量测度，进一步将其提取出社区认同感、社区信任、社区交往、社区互助、社区规范和对村干部信任六个因子。实证分析显示，社会资本的各因子在促进村民选举参与的同时，对村民参与选举监督具有明显的阻碍作用。还有学者主要分析社会资本对村庄自治的积极作用。施雪华、林畅认为，社会资本为解决中国社会政治问题提供了一个崭新的视角，作为乡村治理的基础，社会资本在促进新农村建设和社会和谐发展方面作用明显。钱海梅认为，社会资本是村庄治理的黏合剂，作为村庄内部的制度型社会资本，村规民约建立起了村民与制度之间的信任机制，对村庄社区内部个体的失范行为具有制约作用。此外，还有学者提出通过重构社会资本提升乡村治理效果的设想。柯佳敏认为，乡村自治组织的功能发挥是村庄自治的重要保证，社会资本对乡村自治组织功能的发挥具有决定性的作用，所以，重构乡村社会，促进传统、现代意义社会资本的融合，对于重振公民精神、促进乡村治理的民主化意义重大。

(3)政治心理因素

政治心理因素与村民自治参与相关关系的研究一直受学术界关注，目前关于政治心理因素的探讨主要集中在政治效能感、政治信任等方面。胡荣、王泉超探讨政治社会化指标与村民自治参与的关系时，将政治知识、态度以及信任抽取出政治信任、常识、感受、方向以及选举知识五个因子，发现政治方向因子和政治感受因子会促进村民参与村级选举。胡涤非基于广东省个案村的实证分析发现：村民对村委的信任程度明显高于乡政府；村民对村委越信任，其参与村委会选举的可能性越高，但二者的关联并不显著；政治效能感是导致村民放弃参加村委会选举的重要原因。郑建君分析个体及区域变量对公民选举参与的影响，发现包括意愿和效能感在内的政治参与心理因素对村民的选举参与具有显著的正向作用。李蓉蓉从效能感和参与角度对我国基层民主政治进行分析，认为政治效能感是民主政治的心理基础，效能感对农民的政治参与行为具有重要影响，且内在效能感对农民政治参与的影响程度要明显高于外在效能感。王林指出个体或家庭的收入水平直接关系到其对村民自治的关注程度，间接影响着其对村民自治的参与热情；文化教育程度造成了农民在村民自治实践中参与意识和参与能力的群体性差异，与之相关联的政治心理因素是造成这种村民自治参与行为群体化差异最根本的潜在原因；与此同时，社会资源的占有多寡也是影响村民自治参与的重要因素。

(4)阶层地位因素

随着改革的深入，农村的经济社会结构发生巨变，农村经济分化以及村民经济社会地位的差异造成了村民自治参与的多样性与复杂性。刘传华根据经济收入、社会声望及教育职业等方面的差异将农民群体划分为五个阶层，认为农民的阶层分化造成了农民群体价值诉求与政治态度的多样化，对农民政治参与的研究要关注具体的阶层背景。

阶层地位与农民行为之间的关系是近年来学术界研究的热点话题。在村民自治进程中，农村社会的分化、农民阶层地位的差异会不会影响村民的参与行为？学者们分别从不同角度给出了较多的研究结论。王会根据村庄的内部特征对村庄的分化程度进行了划分，分析得出分化程度高的富裕村阶层利益复杂，村庄实现有序治理的难度较大，以偏远地区为代表的低度分化村庄，阶层结构简单，各阶层关系融洽，更容易达成村庄有序治理。袁松认为在村庄治理层面，同一阶层的村民容易形成小群体，交往更频繁，处在村庄上层的富裕阶层垄断了经济、社会资源，对底层农民形成了一定的政治排斥和社会排斥。刘锐认为农民阶层分化在很大程度上来源于宏观制度的影响，分化的产生对农村社会稳定与基层民主发展具有重要影响，与富裕阶层相比，占据较大比重的中农阶层在对整合阶层利益、维护社会稳定及推动基层民主发展等方面影响程度更加明显。印子认为中农阶层是中国农村村民自治的主要力量，但目前“富人治村”或“强人治村”仍是广大农村治理的主导模式，中农阶层虽然数量庞大，但其阶层利益的非农化以及其与富裕阶层利益的关联性、一致性，导致其容易被富裕阶层吸纳，村庄治理话语权得不到充分发挥。

上述学者主要是从农村社会分层对村庄自治的负面效应方面进行研究，还有学者认为农村的阶层分化对农民的政治参与具有促进作用。李迎喜认为，农村社会适当的分化将会促进农民内部利益诉求的多元化，对民主政治制度的完善以及农民政治意识的培养作用显著，会促进各阶层为了利益达成呈现出村庄活动积极参与的竞争局面，从而推动农村政治参与方式的发展、政治参与渠道的拓宽，最终促进村民自治中的农民参与。聂志晖与李迎喜的观点基本一致，他尝试从农民经济禀赋、职业分化等角度对农村基层进行经济维度的阶层分类，认为农村阶层分化会萌生农民的利益意识，农民对利益的诉求促进了农村社会结构的合理分布，营造了农村的政治参与氛为，推动了农村政治的发展。

部分学者开始关注不同农民阶层政治参与的差异性。有学者指出，以私营企业主、个体工商业者等为代表的农村富裕阶层，其活动范围及个人归属感已超出村庄区域范围，政治参与诉求突破了村域范围，对村民自治的参与兴趣不大；在现行的制度体制下，村干部群体具有角色的双重性，既充当政府代理人的角色，同时又是村民自治组织的领导者，角色的冲突容易造成村干部对村民自治的抵制；占据绝大多数的普通村民对村民自治多表现为政治冷漠，其原因主要是村民自治未能在法定程序下按照法定内容开展，公意信任逐渐丧失。受经济分化影响的个体差异造成了农民在自治参与中话语权的差异。与此同时，参与制度的不完善、村民参与意识薄弱、政治认知水平低、自治实践与制度安排间的差异等因素制约了村民的自治参与。潘琼琼按照收入、职业、声望和社会地位等标准将农民分为精英阶层、普通村民和弱势群体三大阶层，并分析了三个阶层政治参与的相同点及差异，发现阶层之间存在政治参与不均衡性。

1.3.3 文献述评

基于对现有文献的阅读和整理分析，发现国外关于社会阶层的测量与社会资本内涵的研究较为丰富，已形成一套系统的理论体系，这一点可以为国内相关研究提供较好的借鉴。作为中国特色的民主实践形式，村民自治一直是国外学术界的研究重点。从国外学者对中国民主自治的研究来看，其研究重点主要集中在村民自治的定位、产生原因及影响因素探索等层面。其中在对村民自治参与影响因素的研究中，国外学者主要从宏观层面的政治、经济因素或村庄特征等角度开展，对我国民主政治制度的评价不可避免地涉及西方的民主观念及标准，未将村民自治置于我国农村现实发展状况的具体背景中，同时缺乏针对农村居民微观视角的研究，村民自治参与的研究维度也局限于村庄民主选举，因此，无法对我国村民自治发展的特征、行为逻辑以及发展趋向进行精确的分析与把握。

相比国外学者,国内学者对村民自治的研究更为丰富。具体来看,在研究视角的选择上,既有在我国农村社会发展背景下村民自治应然性的定位分析,也有对具体村民自治实践过程的分析;在研究内容上,既包含村民自治内涵、性质及价值的探讨,也涉及具体运行中绩效、问题及对策等细节方面的探讨;在研究方法的运用上,既有定性研究,也有定量研究,定性与定量相结合的研究亦不在少数。现有研究能够为村民自治的研究提供丰富的理论资源与实践经验。国内关于村民自治参与行为的研究多从单个维度或综合维度展开,综观现有研究文献,对农村选举参与的研究最多,而忽视了对村民自治中监督参与、决策参与以及管理参与等行为维度的考察;在村民自治参与行为影响因素的探讨方面,利用计划行为理论构建理论模型,并设计变量测量量表,针对农村居民参与村民自治内在心理机制的研究较少;且过往关于村民自治参与行为影响因素的研究未考虑影响因素在不同行为维度的差异性。

因此,本书借助于国内外关于村民自治的研究基础,利用计划行为理论构建村民自治参与行为的影响机理理论模型,并进行变量量表设计,按照村民自治参与行为的维度分类,探讨各类行为的群体特征及影响因素的联系与区别,提出相应地促进参与村民自治对策建议,以期为农村民主政治的发展提供有益参考。

1.4 研究内容与框架

1.4.1 研究内容

基于研究目的,本书在总结村民自治参与行为相关文献资料及重要理论的基础上,对村民自治过程中涉及的核心概念进行了界定,构建了农村居民参与村民自治行为的驱动机理理论模型,并对模型中变量之间的关系进行了假设。根据计划行为理论的变量测量方法,对研究涉及变量进行量表设计,并按照随机分层抽样方法进行数据收集。统计分析当前农村居民参与村民自治的行为现状,探讨群体特征对参与行为的具体影响,并基于结构方程模型与多元线性回归验证理论模型中变量间的相关关系。最后在对比不同类别村民自治参与行为影响因素差异的基础上,提出切实可行的政策建议。

1.4.2 研究框架

本书按照"提出问题→理论分析→实证分析→解决问题"的基本逻辑思路进行研究,具体的研究框架如图 1-3 所示。

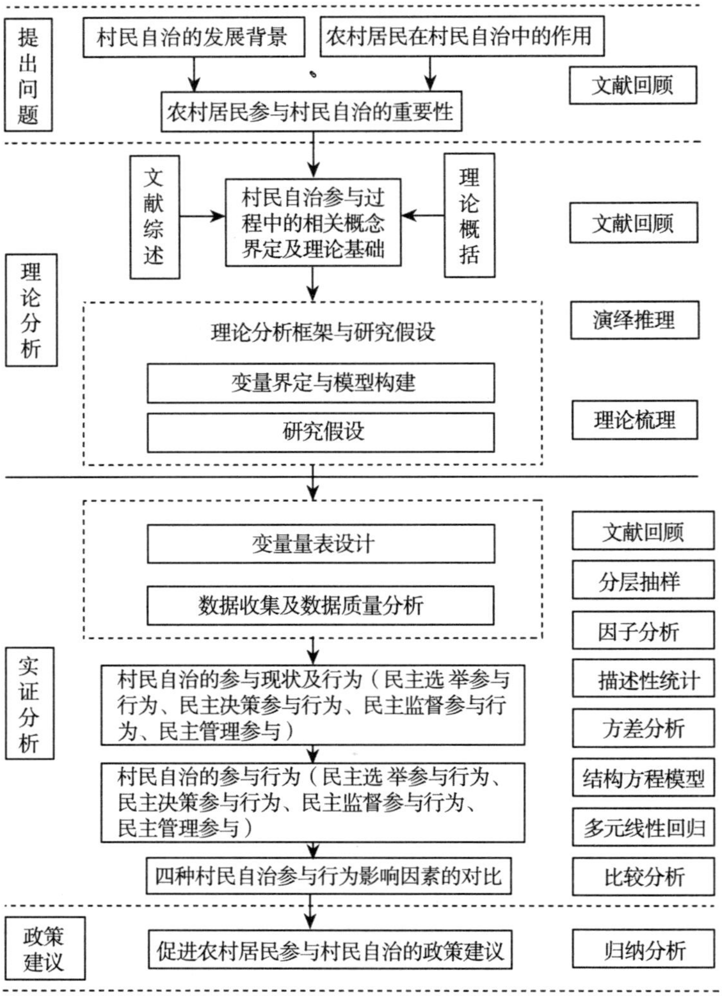

图 1-3　研究框架

1.5　研究方法与创新点

1.5.1　研究方法

本书是兼具理论分析与实证分析的一项综合研究。在文献回顾与理论梳理的基础上，构建理论模型，分析影响机理，然后借助大样本调查数据对研究假设进行实证检验。研究按照“理论分析—实证分析—对策建议”的逻辑思路，在具体的操作过程中运用了多种技术手段。具体的研究方法运用如下：本研究的资料搜集方法采用文献调查法、访谈法、分层抽样法、问卷调查法等；数据分析方法则采用量表分析、因子分析、结构方程模型分析和多元线性回归分析等方法。

1.5.1.1 文献调查法

利用文献调查的方法，梳理了村民自治发展进程中的政策文件，总结了本书的研究背景；通过回顾相关研究文献，对村民自治的概念、定位、影响因素等进行了总结归纳，确定了相关的研究理论，并对研究变量量表的设计提供了理论指导。

1.5.1.2 质化研究方法

按照计划行为理论对研究变量的测量方法，本书首先通过对样本区域的60位农村居民进行开放式问卷访谈，收集质化研究的原始资料。通过开放式问卷分析，进行信息编码与归纳整理，根据出现频率，找出凸显信念，结合过往研究成果形成村民自治参与行为影响变量的测量指标。

1.5.1.3 分层抽样法

为保证研究的科学性，本书在调查问卷的发放阶段采用多阶段分层随机抽样方法。首先，按照地区经济发展情况与地理位置等因素将山东省各地市分为三类，在每一类中随机抽取一个地级市作为调查区域。其次，在选取的3个地级市中随机抽取1个县(区)进行调查问卷发放。最后，根据乡镇规模、村庄规模、性别、年龄等标准分别抽取一定数量的样本进行研究，总样本量确定为400个。

1.5.1.4 统计分析法

本书采用多种统计分析方法对调查数据进行量化研究。首先，采用描述性统计分析对农村居民的村民自治参与情况进行总结性概况；其次，采用独立样本T检验和方差分析对村民自治参与行为在个体特征、村庄特征等方面呈现的差异性进行分析；再次，运用因子分析及结构方程模型分析心理认知因素对村民自治参与行为的影响逻辑，并通过多元线性回归方法分析阶层地位在参与意愿—行为转化过程中的调节作用；最后，采用比较分析法梳理不同类别村民自治参与行为影响因素的差异性。

1.5.2 研究创新点

1.5.2.1 丰富了村民自治参与行为的研究理论

基于计划行为理论构建了农村居民参与村民自治行为影响因素的基础理论模型，借鉴社会资本与社会分层理论在村民自治参与研究中的应用，在影响因素基础理论模型中加入社会资本、自治认知及阶层地位等扩展变量，构建出解释农村居民参与村民自治行为影响机理的分析框架，进一步探讨模型中心理认知因素、社会资本因素、群体特征因素及阶层地位因素对村民自治参与行为的作用机制与影响路径。这是对村民自治参与行为理论研究的重要补充。

1.5.2.2 拓展了村民自治参与行为的研究视角

按照已有研究对村民自治参与行为的界定，村民自治参与行为包含民主选举参与行为、民主决策参与行为、民主监督参与行为及民主管理参与行为四个维度，不同于以往单一维度或综合维度的村民自治参与行为研究，本书在分析农村居民参与村民自治行为群体性差异及影响因素阶段，按照维度类别依次进行，揭示不同类别村民自治参与行为逻辑的差异，并对各类别村民自治参与行为在不同角度的影响效应进行比较分析，拓展了村民自治参与行为的研究视角。

2 概念界定与理论基础

2.1 相关概念界定

2.1.1 农村居民

在村民自治的研究中，学者们对自治主体的表述主要是“农民”和“农村居民”两个概念。《辞海》和《经济学大辞典》对“农民”这一概念的解释是从事农业生产的劳动者，是一种明显的职业类别(《辞海》，1980 年版；《经济学大辞典》，1992 年版)。虽然现有研究对“农民”的解释大多置于拥有农村户籍的前提下，泛指所有的农村居民，但从学术规范角度考虑，这种将农民视为身份的解读容易与农民的职业类别本质相混淆。现实农村中的乡村医生、民办教师等人群亦是村民自治的主体之一，将其划为农民显然有悖常理。随着城乡二元户籍制度的取消，在农村问题的研究中，“农村居民”的提法逐渐流行。因此，有必要对“农村居民”进行概念界定。

相关研究对于“农村居民”尚无明确、统一的解释。百度百科对“农村居民”的定义是居住在农村的公民，这一界定显然是对“农村居民”概念的狭义理解。从法律视角对农村居民进行解读的话，通常以户籍为依据，即根据户籍所在地是否为农村地区进行界定。本书对“农村居民”的定义主要基于权利属性，即具有村民自治权利的个体，这部分群体首先要满足的条件是具有农村户籍。从目前农村地区的实际情况来看，受产业结构转型的影响，农村转移人口数量逐年递增，这部分群体长年在外，并非居住在当地农村，但他们仍然拥有村民自治中的各项权利，因此，在对“农村居民”定义时不能将他们排除在外。

按照《村民委员会组织法》的规定，具备村民自治权利资格的人员可以分为以下三种情况：一是户籍在本村并且在本村居住的村民，这部分群体是传统意义上对“农村居民”的理解；二是户籍在本村但不在本村居住，这部分群体大多由我们前文提及的农村转移人口组成，目前在农村地区中亦具有相当大的规模；三是户籍不在本村但在本村居住一年以上，但根据笔者在实际调查中发现，这部分群体在农村地区中比较少见，且在调研村庄中符合第三种情况的人员并不具备参与村民自治的资格。由此可见，实际具备村民自治权利资格的个体要满足户籍标准，是否居住在本村并不是判断村民自治权利资格的依据。综上所述，本书提及的"农村居民"特指年满 18 周岁、具备村民自治权利资格且具有农村户籍的公民。

2.1.2 社会分层

"分层"一词来源于地质学的概念定位，用来表征地质构造的多样性。社会学家们借用"分层"来分析和反映社会的纵向结构。关于社会阶层的学术界定可以概括为两类：一类是客观层面的诠释，另一类是主观层面的解读。

从客观视角的界定来看，社会分层本质上是一种固化的社会现象，其反映了社会中普遍存在的不平等现状，即社会成员因获取能力或机会差异引发的社会资源占有量的多寡，而这种资源禀赋的差异导致社会个体呈现等级或层次的差别。此外，社会分层兼具普遍性与特殊性两个方面。特殊性表现为在经济及社会发展的不同时期，社会分层的结构分布与性质也会呈现出不同。社会分层的特点可以概括为以下几个方面：一是同一层级的社会个体在社会生活中的地位大致相同，无论是经济水平或社会关系、社会威望及名声，还是政治态度及倾向都呈现出一定的相似性。二是在社会分层结构中，不同层级的社会成员处于不同的社会位置，按照高低有序进行等级区分。当社会成员在特定社会群体中呈现高低有序的等级分布时，群体内部才处于社会分层状态。三是社会分层往往由社会不平等的制度化引起。社会分层作为一种固定持久且制度化的社会不平等体系，是建立在法律或社会规则基础之上的。不同的社会利益分配方式会形成特定的社会不平等体系，一旦这种体系被社会普遍认同，相应的社会形态就会被固化和制度化，社会分层随之产生。四是社会分层是现象和过程的统一。作为一种普遍存在的社会现象，社会分层在特定的时期内具有相对稳定性，而随着经济、社会的持续发展，引发社会不平等的因素逐渐被打破和改变，社会等级秩序不断发生变化，因此，社会分层是一个动态的过程。学者们主张对客观社会分层进行多维分析，分层标准主要聚焦于经济领域，包括收入、教育及职业等方面。

从主观视角的界定来看，社会分层是社会成员对自身在社会结构中所处位置的主观认识，其本质上是个体按照一定的划分标准对社会等级或层次进行主观排序的研究方法。卢福营、刘成斌认为，社会分层不仅是一种社会现象，而且还是一种反映个体主观意识的心理事实。主观视角的社会分层是社会成员基于客观分层标准对自我阶层归属的主观认定，这种阶层认同是社会分层在个体心理的存在。主观社会分层强调个体依据客观实际对自身的阶层归属进行定位，其本质上依然是一种社会存在，是对客观社会分层的反射。学术界通常从经济、社会等层面分析社会成员的阶层认同情况。

综上所述，本书认为社会分层可以从客观维度与主观维度两个方面进行界定。从客观维度来说，社会分层是指社会成员因掌握社会资源数量差异产生的结构等级排序现象，是在法律、认同基础上建立的制度化的社会差异体系；从主观维度来说，社会分层是社会成员基于特定标准对自我阶层归属的主观认定，是对自我在分层体系中所处位置的认同。伴随着社会分层的出现，社会内部的阶层分化更加清晰，社会成员在这种层级制的社会结构中存在相应的位置，阶层地位的高低得以区分。

2.1.3 村民自治参与行为

目前，学术界对于“村民自治”尚未形成完全统一的概念界定，按照研究视角大体可以分为两类：其一是根据村民自治的相关法律规定进行阐释；其二是涉及制度、行为等层面的综合性界定。根据《村民委员会组织法》的相关规定，村民自治是农村居民自发组织，依法对村庄事务进行处理，实现自我管理、自我教育以及自我服务的基层民主政治制度。村民自治的主体是全体村民，而非村委会组织或少数村委会成员；村民自治的地域范围是具体的村庄，在村民自治的过程中村庄之间相互独立；村民自治的参与方式包括民主选举、民主决策、民主监督及民主管理四个方面。从制度层面来说，村民自治是一项基层民主治理的法律制度，其赋予了村民自治权，是基层民主的重要组成部分，同时也是基层自治的一种类型。根据村民自治的本质属性，村民行使自治权的区域范围被限定为法定村，而自治对象主要针对村庄内部的公共事务和公益事业。从行为层面来看，村民自治是村民在法定村范围内行使民主自主权的活动，行为主体是具有自治权的村民。总的来说，村民自治是受法律保障的一种基层民主行为。

村民自治作为基层民主政治制度的主要组成部分，其价值与功能的实现离不开村民自治参与行为的发生。从广义上看，村民自治参与行为是对村民自治过程所有参与方的行为的综合，是体现自治价值与发挥自治功能的实践过程。本书提及的村民自治参与行为是指农村居民在村民自治过程中的各种参与行为，因此，本书提及的村民自治参与行为应界定为在法律及法规允许的范围内，自愿参与村庄内部民主选举、民主决策、民主监督及民主管理的行为综合。

2.2 理论基础

2.2.1 计划行为理论

计划行为理论作为社会心理学领域中的重要理论，其主要解读个体态度如何作用于行为意向,继而影响行为生成的过程。近年来,随着在管理学、社会学以及经济学领域的广泛应用,计划行为理论受到了学术界的持续关注。关于计划行为理论的起源最早可以追溯到20世纪60年代的态度期望价值模型。在该模型中,费斯宾认为行为态度决定行为意向,而反过来,行为态度的产生又取决于预期行为结果与结果评价。在此基础上,费斯宾与艾真创立了一种可以解读"态度—意向—行为"关系的理论模型,也就是计划行为理论的前身——理性行为理论。理性行为理论认为,行为意向直接决定实际行为的产生,它主要受主观规范与态度两个方面的影响。理性行为理论忽视了个体的实际行为控制(行为会受到个体技能、能力以及资源等因素的制约)对行为的间接作用。艾真通过测量个体的知觉行为控制间接反映实际行为控制,增强了行为预测的准确性。至此,计划行为理论被正式提出。具体的理论模型结构如图2-1所示。

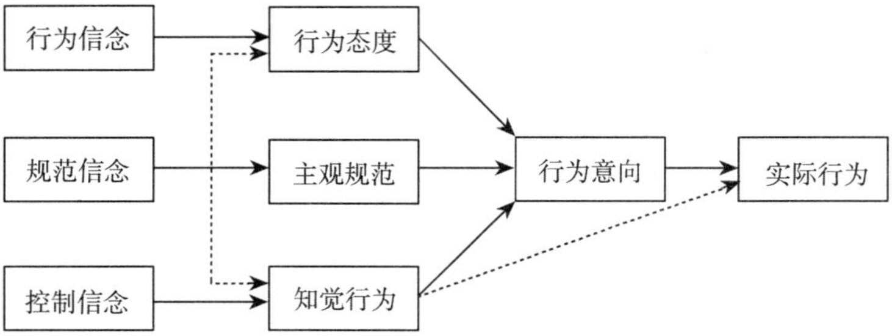

图2-1　计划行为理论结构模型

计划行为理论的主要观点可以概括为以下几个方面:其一,个人的实际行为不仅受行为意向的影响,而且还受行为执行者机会、资源以及能力等实际控制条件的影响。在满足实际控制条件、控制外在环境因素的前提下,实际行为取决于行为意向。其二,通过测量知觉行为控制可以替代实际控制条件,预测实际行为选择的可能。其三,行为态度、主观规范、知觉行为控制三个变量直接影响行为意向,但在不同类别行为发生的过程中,哪种变量发挥主要作用会呈现差异性。其四,个体在执行行为时,会拥有大量的行为信念,只有真正被个体获取(凸显信念),才会真正影响到态度、主观规范及知觉行为控制,从而对行为产生效应。总的来说,对行为干预的分析主要从行为态度、主观规范、知觉行为控制三个方面开展。行为态度是个体对执行某种特定行为所持的主观评价,具体可以分为行为结果的预期(信念强度)与预期结果的评价(价态评估)两个部分。将两个部分的乘积加总,即为个体对某一行为的总体态度。一般来说,行为态度对行为意向的预测效应最强。计划行为理论中的主观规范是一种命令性规范,即个体在执行某种行为时决策选择依附或者顺从重要他人,具体来自规范信念(个体对重要他人决策的认识)与依从动机(个体选择跟从重要他人决策的意向)两个层面的影响。重要他人主要是行为执行者的亲朋好友及其利益相关者。知觉行为控制是个体对完成某项具体行为自我能力的信任程度，反映的是个体对行为决策过程中面临的促进或阻碍因素的评价。知觉行为控制由控制信念与评价强度两个方面组成。控制信念是对完成行为影响因素的感知。评价强度是对影响因素作用程度的预期。自身的知识储备、能力、时间及精力等都是知觉行为控制考量的影响行为执行的因素。

随着计划行为理论研究的深入，学者们致力于进行理论变量的拓展与补充。许多研究者在应用计划行为理论时，补充了个体人格、行为经验等背景因素。艾真(Ajzen)认为个人以及社会文化等背景因素可以通过行为信念继而对行为态度、主观规范以及知觉行为控制产生影响，并最终间接对行为意向及实际行为发挥作用。关于影响信念的背景因素，学术界将其概括为个体因素和其他因素。个体因素主要包括知识经验、个性及年龄、性别等一系列人口统计学因素。其他因素主要包括人口密度、大众传媒普及率及社会资本等。需要注意的是，社会资本被纳入计划行为理论中的补充变量。费斯宾提出社会资本作为计划行为理论中的背景因素会间接影响行为意向和实际行为。目前，有关社会资本与行为态度、主观规范以及知觉行为控制之间的内在联系还有待深入研究和系统探讨。张平将社会资本纳入计划行为理论变量，对我国城市居民社区自治行为进行研究。此外，自治认知也在计划行为理论的背景因素中被提及。因此，本书在已有研究的基础上，对计划行为理论的基础变量进行扩充，加入社会资本及自治认知变量，希望可以更为完善地利用计划行为理论解释村民自治参与行为的内在机理。

关于计划行为理论的适用性问题，众多研究者也通过研究验证了计划行为理论在集体主义文化背景下依然适用的事实。费斯宾亦给出了解释，指出该理论在解释人类行为时不受文化背景差异的影响。因此，利用计划行为理论研究我国民众的参与行为是可取的。在研究领域方面，过往研究证实计划行为理论能够解释广泛的社会行为。其中，国内外已有学者利用该模型对公民在选举过程中的投票行为、区域治理中的参与行为进行探讨。总的来说，利用计划行为理论探索影响中国农村居民参与村民自治行为的因素、解释其内在影响机理是可行的。

2.2.2 社会资本理论

在“资本”所辖的诸多概念中，“社会资本”算是一个新兴的概念，亦是当下各学科讨论的热点和前沿话题。“社会资本”的概念最早见诸西方古典社会学的思想里，比较具有代表性的是齐美尔的“互惠交易”“规范”概念、帕森斯与迪尔凯姆的“集体意识”“价值融合”观念以及韦伯的“强制性信任”思想。随着社会资本理论在各学科的应用，关于“社会资本”的解读可谓纷繁复杂，不同研究领域的学者对“社会资本”的概念界定与分析视角也逐渐呈现多元化，这在一定程度上也促进了社会资本理论的发展。

20 世纪 70 年代，法国社会学家布迪厄通过对场域的研究，将资本细分为经济资本、文化资本与社会资本三个维度，并对“社会资本”进行了概念解读。他将“社会资本”定义为各种资源的集合，而这种资源集合属于特定群体内部的个体所有。其对社会资本的阐述具有三个特点：社会资本的拥有者具有个体属性；个体社会资源的获取需要借助特定的社会网络；社会网络的规模以社会规则为制度化形式。詹姆斯·科尔曼对社会资本的研究开创了社会资本的新篇章，其从社会结构的角度强调了社会资本的功能属性，并将社会资本引入集体行动的研究，实现了研究领域从微观向宏观的跨越，为国家、政治、社会动员、社会信任以及社会规范的研究提供了新的视角。科尔曼认为社会资本不是单一的个体属性，人与人之间交往从而形成的关系内部的社会结构资源亦是社会资本的重要组成部分。美国社会学家罗伯特·帕特南对社会资本的研究在强调交往网络资源的基础上，更为关注交往者的社会结构，其“结构性嵌入”的观点影响深远。帕特南认为处于社会中的个体在交往的过程中都会形成各自特定的社会网络，在此基础上搭建各自的社会交往结构并在其中占有一定位置，而社会网络的规模和身处社会结构中的位置造就了各方的资源禀赋。帕特南最早将“社会资本”概念引入政治学的研究。他主要从宏观角度出法，用社会资本理论分析公共生活，“网络”“规范”“信任”是其“社会资本”概念中的核心关键词，强调了集体行动与组织参与对民主政治建设的重要性。美国社会学家弗朗西斯·福山认为之前针对社会资本的研究过分重视其表现形式，而忽视了社会资本本身的构成要素。他认为社会资本是一种非正式社会规范，它会通过信任促成群体内两个或更多个体之间合作的实现，与诚信、互惠、规范等美德密不可分。福山强调社会资本的文化价值，认为社会资本可以借助信任机制，加强道德价值观对行为者行为的约束作用。

国内学者对“社会资本”的解读在借助国外研究成果的基础上注重结合我国传统文化的实际，对“社会资本”的理解较国外学者相对统一。从本质上说，社会资本是个体或者群体在制定并遵守相应社会规范的前提下，为了实现既定目标，接触或动员嵌入在特定关系网络中的社会资源的总和。社会资本的拥有者既可以是个人，也可以是群体，其来源于人与人之间的关系网络，而个体或群体实现目标的能力取决于以信任为基础的社会网络资源的丰富程度。社会资本的核心要素包括合作、信任、互惠、规范等方面，本质上是一种观念性资源。从这个意义上讲，不同群体、不同地域观念资源禀赋上的差异决定了社会资本的不同。按照社会资本的特征，学者们将社会资本大体分为以下几类：个人社会资本与团体社会资本、政府社会资本和民间社会资本、结构型社会资本与认知型社会资本。

社会资本作为嵌入在人际关系中的社会资源，具有明显的经济、政治、社会功能。帕特南的《使民主运转起来——现代意大利的公民传统》得出的一个重要研究结论就是社会资本的多寡决定了地区经济进步的空间以及政府制度运行的效率，社会资本的存量如信任、规范、互惠能够促进民主政治的发展。社会资本通过培育互惠与协作可以克服集体行动的困境。同时，群体内部形成的激励或约束机制，通过社会规范的形式防范内部成员的越轨行为，促进集体整合与社会稳定的达成。关于社会资本的测量，学术界作出了诸多探索尝试，大体可以分为个人层面、中观层面和宏观层面。在研究农村问题时，更多是从中观层面对社会资本进行测量。裴志军将社会资本测量为普遍信任、规范信任、正式网络、非正式网络、社会支持和共同愿景六个维度。谢治菊、谭洪波根据经验数据进行实证研究，归纳出信任、社区参与、共享、合作、互惠以及社区归属感等测量指标。胡荣在进行村委会换届选举的研究中，借助帕特南等人对“社会资本”的定义将社会资本用交往、互惠、信任以及规范四个方面进行表征。

村民自治参与是一种集体行为，是村民在特定集体中进行的行为选择。根据前文学者们对社会资本的阐述，社会资本大体可以从微观、中观以及宏观三个维度加以理解。按照研究视角，本书以村民自治参与行为研究为主旨，涉及的“社会资本”概念是一种集体层面、中观维度的村域社会资本。这一层面的社会资本是农村居民嵌入村庄集体内部获得的社会资源的总和，其核心要素主要为合作、信任、互惠以及规范等方面，其中合作、信任、互惠可以促进村庄成员诉诸集体行动，规范主要发挥约束村庄成员的作用，防止失范行为的发生。根据国内外学者对“社会资本”的解读，借助于交往、信任、互惠、规范四个构成要素对社会资本进行测量，与胡荣在研究村民村级选举参与时对社会资本的表征一致。从学术界对社会资本的功能阐述来看，社会资本可以促进村庄内部成员的组织参与，推动民主政治的发展。由此可见，社会资本在一定程度上对村民自治中农村居民的参与行为具有重要影响。

2.2.3 社会分层理论

从社会分层理论的发展进程来看，大体可以从三大经典理论来对社会分层进行解读。首先是马克思及新马克思主义的批判结构主义理论，其中的代表人物主要是马克思、恩格斯、普兰查斯以及赖特。该理论认为，社会个体的阶层地位和阶级归属取决于是否占有生产资料，社会结构中的剥削关系确定了阶级定位。作为阶级结构中最重要的社会关系，剥削关系不仅在经济层面有所体现，而且还出现在政治和意识层面。其次是韦伯及其支持者提出的建构主义理论，其代表人物主要是韦伯、古登斯以及皮奥里。该理论主张从多维度对社会阶层进行分析，认为物质因素固然会造成社会呈现等级差异，但结合社会成员的意识、观念等主观因素对社会分层的理解更加全面。韦伯最早将社会分层理论引入社会学领域，认为马克思只关注了社会成员在经济领域的地位，对社会分层的理解过于狭隘。他倾向于利用多维度的分层方法对社会阶层进行划分，具体可以从经济标准（物质财富）、社会标准（社会威望）及政治标准（政治权利）三个层面开展。同时，韦伯的社会分层理论主张等级式的分层方法，认为社会成员通过社会排斥确定了高低有序的阶层地位。韦伯的三位一体社会分层理论对社会学界影响很大，也正是由于这一理论的出现，在方法论上形成了与马克思一元阶级分层理论相对应的多元分层理论。最后是迪尔凯姆及其继承者的功能主义理论，主要的代表人物是迪尔凯姆与帕森斯。功能主义理论认为社会的不平等主要来源于职业地位或社会经济地位的差别，他们将职业认定为社会分层的核心概念，阶级结构根本上是职业结构。作为功能主义分层理论的继承者，布劳和邓肯提出，社会成员的经济报酬、社会地位以及政治权利取决于职业声望。职业结构构成了社会的重要基础，支撑着社会分层的其他参考维度，决定着社会结构中的不平等。

农村地区的阶层分化是我国农村社会转型时期凸显的一个重大社会现象。学术界关于当前我国农村的社会分层的研究，主要倾向于按照多元化的架构标准对社会阶层进行划分。随着经济的发展、社会的进步、城市化进程的加速，我国农村社会阶层的分化也在不断深入，而这种分化主要是以职业为基础。陆学艺基于职业分类，确定了组织层面、经济层面及文化层面的社会阶层划分标准。方长春认为阶层地位的差异主要体现在经济、权利和声望三个维度，多元化的阶层划分标准对于社会差异变化情况的呈现更为具体。本书根据既有社会分层理论的研究，立足于分层指标的可操作性与可量化性，从客观分层与主观分层两个维度对阶层地位进行考量。具体来看，客观阶层地位的考察主要以职业分层为基础，辅以收入与教育两个层面；主观阶层地位的考察主要从经济层面和社会层面两个角度开展。在此基础上，对农村居民的社会阶层地位进行高低排序，揭示当前中国农村社会成员的阶层结构与特点，进一步分析阶层地位对于村民自治参与行为的影响机理。

3　模型构建与研究假设

3.1　模型构建

农村居民是否参与村民自治会受到各种因素的影响，其中涵盖态度、感知等主观层面因素，也包括经济条件、文化背景、社会资源、政治影响力等客观层面因素。为了更加全面地分析农村居民村民自治参与行为的影响机理，本书在梳理过往相关研究的基础上，分别借助社会分层理论、计划行为理论及社会资本理论等对农村居民村民自治参与行为的影响因素进行探索性分析，并构建具体的模型。

3.1.1　基于计划行为理论的基础模型

根据计划行为理论，农村居民的村民自治参与意向可以直接决定其最终的参与行为，而自治参与意向由农村居民的个体态度、主观规范以及知觉行为控制决定。也就是说，农村居民对村民自治参与行为的参与态度越积极，感受到的主观规范压力越大，执行过程可控的感知程度越高，那么，其参与村民自治的意愿也就越高，参与行为被执行的可能性也就越大。需要注意的是，诸多实证研究结果表明，主观规范对行为意向不具有显著性的影响。据此，本书基于既有研究与计划行为理论，设计得到基础模型，如图 3-1 所示。

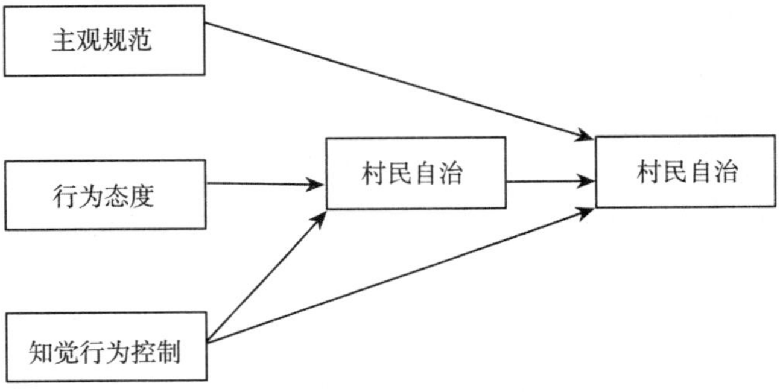

图 3-1　基于计划行为理论的基础模型

在村民自治参与行为的计划行为理论基础模型中，行为态度与知觉行为控制对行为意向具有直接影响作用，主观规范与知觉行为控制对村民自治参与行为具有直接影响作用，村民自治参与意愿在知觉行为控制对村民自治参与行为的作用过程中起中介作用。

3.1.2 加入自治认知的计划行为理论扩展模型

随着计划行为理论研究的深入，关于计划行为理论的背景因素逐渐被学者们提及。在众多背景因素中，知识经验常被人们具体为认知指标，并通过计划行为理论的基础变量对村民自治参与意愿及行为发挥间接影响。村民自治认知主要体现农村居民对村民自治内涵的理解和认识，是对其村庄自治基本知识及参与经验的反映。本书将村民自治引入计划行为理论的扩展模型，根据既有研究，构建村民自治与行为态度、知觉行为控制之间的影响路径。具体模型如图 3-2 所示。

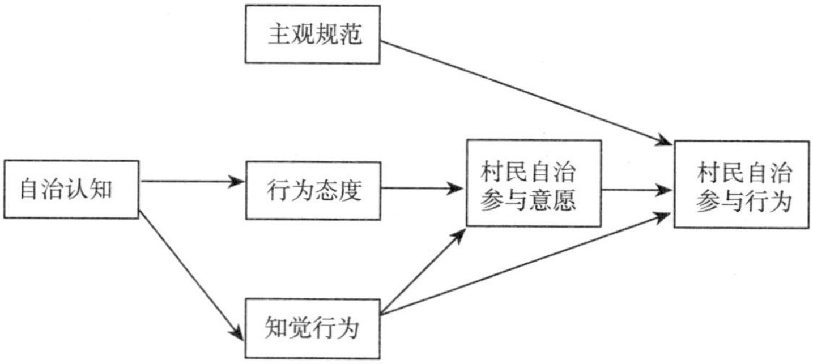

图 3-2　加入村民自治认知的计划行为理论扩展模型

3.1.3 加入社会资本的计划行为理论扩展模型

社会资本作为计划行为理论的扩展变量之一，被认为是影响政治参与行为的重要因素。罗德斯(Rhodes)认为，社会资本借助计划行为理论中的主观规范、行为态度及知觉行为控制对行为意向及行为发挥间接作用。部分国外学者在研究公民参与行为中证实，社会资本与计划行为理论的基础变量共同对公民参与意向发挥直接的正向影响。国内学者通过理论分析与实证检验亦证明了社会资本与民主自治参与之间的作用关系。与此同时，社会资本与自治认知之间的内在关系亦被提及，社会资本是农村居民嵌入村庄集体内部获得的社会资源的总和，高水平社会资本的具体体现是农村居民交往频繁、互相信任、互惠程度高、村庄规范程度高，在此基础上可以促进农村居民之间的沟通及对村民自治知识的了解，调动其民主自治的积极性。基于上述研究，加入社会资本变量，进一步构建计划行为理论扩展模型,如图 3-3 所示。

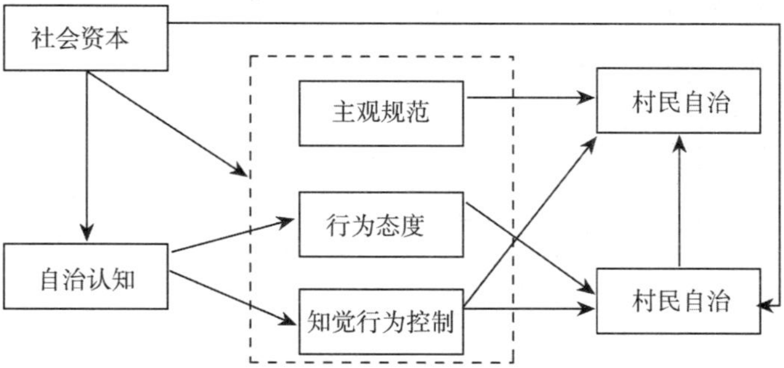

图 3-3 加入社会资本的计划行为理论扩展模型

3.1.4 基于阶层地位视角的模型

社会分层理论认为,基于个体经济基础、文化水平、政治影响力等方面的差异,可以将农村居民按照掌握资源的多寡情况划分为不同的阶层。地处不同阶层地位的个体具有明显的资源禀赋差异,因而在个人意向及行为上亦会表现出不同。过往关于阶层地位的经验研究表明,阶层地位会从根本上影响个体的社会行为。根据社会阶级心理学理论的表述,在特定的经济背景下,个人的阶级地位以及角色会强加给个体固有的社会态度、利益诉求以及价值观念。社会阶层地位是对个体在社会结构中位置的考量,是对其所处境遇的评价。按照社会结构制约社会行为的研究思路,当个体处于不同的社会阶层位置时,其面临的压力、阻碍等问题会有所差异,受其影响,具体行为的选择亦会千差万别,村民自治参与行为当然也不例外。阶层地位对民主自治行为的直接促进作用已被学术界证实。意愿向行为的转化是一个比较复杂的过程。在村民自治的参与过程中,农村居民往往会根据自身的身份背景,结合相应利益诉求选择是否执行某项行为。根据上述分析,构建模型,如图 3-4 所示。

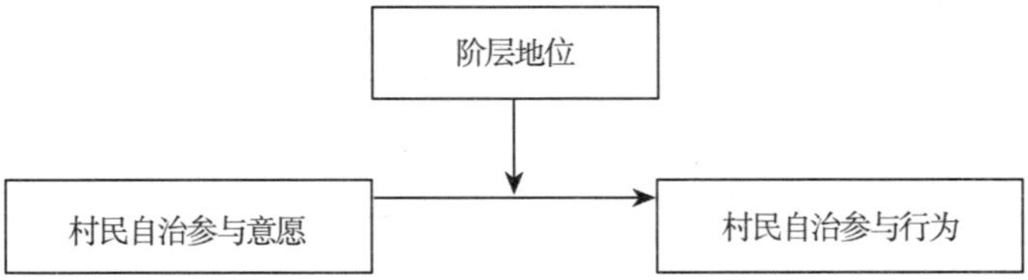

图 3-4 基于阶层地位视角的模型

3.1.5 综合模型

本书以计划行为理论模型为基础,结合社会资本理论与社会分层理论,依次将行为态度、主观规范、知觉行为控制、自治认知、社会资本以及阶层地位纳入村民自治参与行为模型。根据既有研究，村民自治参与会受到个体特征与村庄特征的影响，故将两个变量放入模型，形成最终的综合模型，如图 3-5 所示。

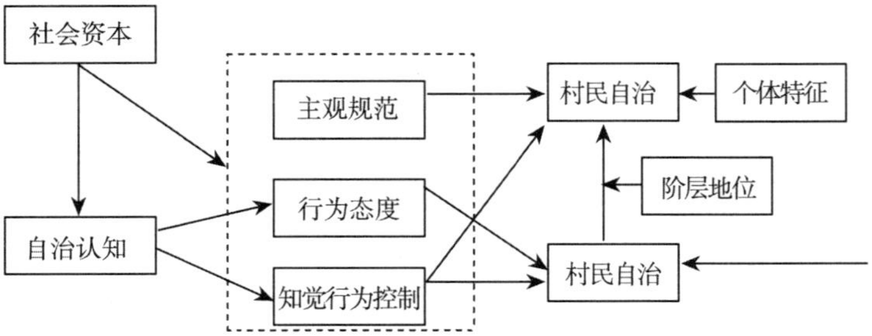

图 3-5　综合模型

3.2　研究变量界定

3.2.1　村民自治参与行为变量

关于村民自治参与行为的概念，前文已经给出，在此不再赘述。作为研究变量，本书中的村民自治参与行为主要表达的是农村居民在村民自治参与环节是否作出回应，即是否通过法定参与方式做出实际行为。具体来说，根据参与方式的类型，本书将村民自治参与行为进一步细化，分别为民主选举参与行为、民主决策参与行为、民主监督参与行为、民主管理参与行为。已有学者在类似的研究中将村民自治参与行为进行如此划分。需要说明的是，村民自治中各类型的参与行为相互之间是独立的，在接下来的研究中，本书将分别对不同类型的村民自治参与行为影响因素进行探讨，并进行对比分析。

村民自治参与意愿是农村居民的参与行为动机或计划。在计划行为理论中，参与意愿是对行为产生直接影响的主观倾向。根据村民自治参与行为的划分标准，为保证研究变量测量的一致性，本书将村民自治参与意愿细分为四类，分别对应不同的参与行为维度，依次为民主选举参与意愿、民主决策参与意愿、民主监督参与意愿、民主管理参与意愿。

3.2.2　心理认知变量

村民自治参与行为态度是指农村居民对做出村民自治参与行为的主观评价，可以分为两部分：其一，参与村民自治的后果预期，即参与行为做出后是否会获得预期的回报判断；其二，参与村民自治后果的评价，即参与行为做出后是否感觉是值得或有意义的。

村民自治主观规范反映的是农村居民在选择是否参与村民自治时,重要他人或机构对其的影响。根据计划行为理论的解释,将村民自治主观规范定义为:农村居民根据重要他人或机构决策或动员而作出的依附或顺从动机。村民自治主观规范可以细分为对重要他人是否参与村民自治的认识(规范信念)和选择与重要他人或机构一致决策的主观倾向(依从机动)。

借鉴计划行为理论,村民自治知觉行为控制可以界定为:农村居民对于自身有能力参与村民自治的信心强度,变量具体可以分为控制信念与评价强度两个维度。控制信念是农村居民对其参与村民自治面临促进或阻碍因素的整体预期,评价强度是对其参与过程中影响因素作用程度的判断。

村民自治认知是基于计划行为理论添加的重要补充变量。计划行为理论将该变量归纳为背景因素,认为其对个体的意愿及行为会产生间接的影响。本书将村民自治认知界定为:农村居民对村民自治内容的理解与认识。为保证研究变量测量的一致性,根据村民自治参与行为的划分标准,村民自治认知包含四个方面,分别是民主选举认知、民主决策认知、民主监督认知、民主管理认知。

3.2.3 社会资本变量

社会资本变量作为背景因素在计划行为理论中被提及,其对公民参与的影响在社会资本理论中亦得到验证。本书的研究主题是村民自治参与行为,社会资本变量主要反映的是村庄内部的农村居民及群体在交往过程中形成的信任、互惠及规范的综合。根据过往研究成果,社会资本具体可以细分为村庄内部的社会交往、社会信任、社会互惠以及社会规范四个维度。其中社会交往是指农村居民与村庄内部成员的互动程度;社会信任是指农村居民对村庄内部成员的信任强度;社会互惠反映的是农村居民在日常生活中与周围人员互帮互助的情况;社会规范是指村庄内部的规范情况。

3.2.4 阶层地位变量

根据前文社会分层理论的分析,结合既有研究,本书主张对农村居民进行阶层多维度分析,分别从客观分层与主观分层两个角度对农村居民的阶层地位进行测量。在具体分层指标的设计上,客观分层主要从收入、教育、职业三个方面切入,主观分层主要从经济地位认同与社会地位认同两个方面展开。

客观分层主要从农村居民具备的资源禀赋角度进行考量。收入分层方面,本书选择以家庭人均收入进行统计,这主要是因为当前农村仍然以家庭经营为主体形式,而且在实际的经营过程中家庭成员的收入亦难以区分。教育分层方面,主要考察农村居民的受教育水平的分化程度,按照教育层次从低到高对应相应的阶层地位。职业分层是研究我国农民分层最为普遍的应用方法。目前,关于职业分层方法的提法较多，其中以七分法、八分法、九分法的提法最为普遍。伴随农民剩余劳动力的流动，进城务工者被细分，兼业打工与全职务工被区分出来，职业分层的八分法与九分法得到更多认可。

主观分层主要对农村居民的主观分层意识进行调查和分析。主观经济地位认同，主要是指农村居民对于自身经济情况在农村中所处位置的判断，主要体现在其自身家庭经济状况等方面；主观社会地位认同，主要是指农村居民对自身社会地位的综合评价，主要体现在其自身在村庄内部的名声及声望等方面。在具体的变量题项设计中，可以参照中国社会状况综合调查(CGSS)问卷对社会地位部分的表述。

3.2.5 其他补充变量

根据计划行为理论对背景因素的解释，本书借鉴过往研究将个体特征变量纳入计划行为理论的补充变量。个体特征变量主要包括收入结构、党员身份、性别、年龄等方面，较多研究已证实个体特征变量与农民的参与行为具有显著联系。与此同时，村民自治涉及的是村庄内部的管理事务，因此，在对村民自治参与行为的考察中必须立足于特定的环境。村庄类型、规模及地理位置的差异亦会对村民自治的参与产生影响，故本书将从村庄人口规模等方面对村庄特征进行表征。

3.3 研究假设

3.3.1 个体特征及村庄特征的影响效应假设

前文关于社会人口学特征对村民自治参与行为的研究成果综述显示，个体人口统计学变量与行为个体村民自治参与行为具有显著的相关关系。此外，村民自治参与行为具有场域性，即此类行为发生在具体的村庄。在经济、社会发展模式不同的村庄，村民自治所面临的任务和所处的环境均有所差异。个体特征及村庄特征是农村居民进行村民自治参与行为决策的背景条件。当农村居民在个体属性及村庄特征等方面存在较大差异时，将呈现出不同的村民自治参与行为决策。因此，本书将从个体特征及村庄特征等社会人口学变量分析和识别农村居民村民自治参与的行为特征。其中，个体特征包括性别、年龄、村干部任职经历、主要收入来源等四个变量，村庄特征包括村财收入规模与村庄人口规模两个变量。

根据对过往研究文献的回顾，可以发现个体特征对村民自治参与行为的影响已经得到证实。个体性别视角，受传统封建文化及农村家庭的“男主外、女主内”分工情况的影响，农村地区男性个体居于家庭主导地位的现象较为普遍。

在此情况下，男性个体的社会参与行为更能得到周围人的支持，因而在村民自治的过程中，男性群体的参与意愿更强，主动参与村庄基层民主建设的积极性更高。根据公开调查的数据显示，随着国家对基础教育政策及工程的推进，农村地区的教育事业得到了较大程度的发展，农民的教育文化水平显著提高。教育文化水平的提升激发了农民的政治思想觉悟及民主意识，促进了其对民主社会的向往。而相比较老年人群体，教育政策对民众民主意识的提升作用，往往在年轻一代的农村居民身上更能得到体现。与此同时，老年人群体对宗族文化的认同程度往往较高，对于民主自治大多持怀疑态度，限制了其对村民自治的参与积极性。因此，年龄的差异对于农民群体的村民自治参与行为亦会产生影响。综上所述，农民群体在年龄及性别上的差异会影响他们的思想意识，从而作用于其基层民主的政治态度。郭正林以农村村民的制度化选举为研究对象，对广东省 26 个村进行了问卷调查。研究显示，农民的政治参与程度与农民的政治面貌和社会身份存在着密切关系。杨明与孙秀林均探讨了收入水平与村民自治参与的关系，但结论却相互矛盾，因此，关于收入与村民自治参与的相关关系值得进一步研究。本书在论证二者作用关系时转换了分析角度，从主要收入来源进行。基于上述分析，得出以下假设：

H1：个体特征影响农村居民村民自治参与行为。

H1a：性别影响农村居民村民自治参与行为。

H1b：年龄影响农村居民村民自治参与行为。

H1c：村干部任职经历影响农村居民村民自治参与行为。

H1d：主要收入来源类别影响农村居民村民自治参与行为。

村庄特征在一定程度上会对村民自治参与行为产生影响。整体来看，经济发达、生活富裕地区的农民，比经济条件落后地区的农民有着更高的农村基层民主政治建设参与热情。马斯洛的需求理论指出，当个体的生存及社会保障需求得到满足后，其会追求实现更高层次的需要，比如政治参与的需要。可以推断，在经济发达的农村地区，农民满足了基本的生活保障需求，其会在“力所能及”的事情上作出各种选择，追求更高层次的心理满足，参与村民自治各项事务。胡荣对福建省的村委会进行了实证研究，证实经济发展水平对村委会的选举具有重要的影响。其结论是：经济越是发达，村集体收入越多，村委会控制的经济资源越多，村委会的选举与村民的利益越密切，更多的人想竞争村干部的职位，村民的参与程度较高，选举竞争也较激烈。孙秀林对全国范围内 400 个村庄的实证统计显示，村民人均收入并不影响村庄民主，而村庄的人均集体收入对于村庄民主存在显著的曲线效果：村财收入在发展之初有利于促进村庄民主，而当达到一定水平之后又会反过来阻碍基层民主的发展。基于上述研究，可以发现研究的主体主要是村集体收入或人均村集体收入，所以涉及的考量变量主要为村财收入与村庄人口规模，基于此，特提出以下假设：

H2：村庄特征影响农村居民村民自治参与行为。

H2a：村财收入影响农村居民村民自治参与行为。

H2b：村庄人口规模影响农村居民村民自治参与行为。

3.3.2 心理认知及社会资本变量的影响效应假设

计划行为理论主要从心理认知层面对个体的行为逻辑进行探讨。心理认知是主体行为形成的天然动因和必然伴随物。具体而言，其是个体对外部或内部事物的认识、分析判断、作出决定的心智过程，或者说是对作用于人的感觉器官的外界事物进行信息加工的过程。对其影响效应的研究，有助于根本性地揭示人、组织和社会的行为规律。计划行为理论是在管理学和社会学领域广泛应用的认知行为关系理论，它阐释了认知对行为影响机理的一个完整框架，通过权衡行为的潜在决定因素预测并解释人们的行为。个体的行为取决于其行为意向，而行为意向由该行为的态度和知觉行为控制等因素综合决定，高水平的知觉行为控制能一定程度上替代实际控制条件，对个体的行为预测也就越准确。个体的行为态度越积极、主观规范的约束力越大、感知到的行为控制力越强，则执行某种行为的意愿越强烈，而这种意愿越强烈，最终执行某种行为的可能性就越大。

除此以外，按照计划行为理论的分析框架，村民自治认知与社会资本作为计划行为理论的背景因素，通过计划行为理论的基础变量对村民自治参与意愿及行为产生间接影响。因此，理论预设将村民自治认知与社会资本纳入计划行为理论的扩展模型中。村民自治认知会影响村民参与的行为态度与知觉行为控制，而社会资本在影响心理认知变量的同时，亦会对村民自治参与意愿产生积极影响。本书据此提出研究假设，即：

H3：自治认知对农村居民村民自治参与行为态度具有直接正向影响。

H4：自治认知对农村居民村民自治知觉行为控制具有直接正向影响。

H5：社会资本对农村居民村民自治认知具有直接正向影响。

H6：社会资本对农村居民村民自治参与行为态度具有直接正向影响。

H7：社会资本对农村居民村民自治主观规范具有直接正向影响。

H8：社会资本对农村居民村民自治知觉行为控制具有直接正向影响。

H9：社会资本对农村居民村民自治参与意愿具有直接正向影响。

H10：行为态度对农村居民村民自治参与意愿具有直接正向影响。

H11：知觉行为控制对农村居民村民自治参与意愿具有直接正向影响。

H12：主观规范对农村居民参与村民自治行为具有直接正向影响。

H13：知觉行为控制对农村居民参与村民自治行为具有直接正向影响。

H14:参与意愿对农村居民村民自治参与行为具有直接正向影响。

3.3.3 阶层地位的影响效应假设

已有研究者认识到农村地区阶层地位差异化对村庄民主自治的不利影响。王会分析得出差异化程度高的富裕村,阶层利益复杂,村庄实现有序治理的难度较大;以偏远地区为代表的低度差异化村庄,阶层结构简单,各阶层关系融洽,更容易达成村庄有序治理。袁松提出处在村庄上层的富裕阶层垄断了经济、社会资源,对底层农民形成了一定的政治排斥和社会排斥。卢福营认为农村地区掌握经济、知识、政治等优势社会资源的能人,具有更强的民主意识和政治参与能力。另外,部分学者认为农村的阶层地位分化对农民的政治参与具有促进作用。李迎喜认为农民阶层地位的差异会导致其利益诉求的多元化,会促进各阶层为了利益达成呈现出村庄活动积极参与的竞争局面,从而推动农村政治参与方式的发展,政治参与渠道的拓宽,最终促进村民自治中的农民参与。聂志晖尝试根据农民经济禀赋、职业分化等角度对农村基层进行经济维度的阶层地位分类,认为阶层地位的差异会推动农村政治的发展。此外,潘琼琼按照收入、职业、声望和社会地位等标准将农民分为精英阶层、普通村民和弱势群体三大阶层,并分析了三大阶层政治参与的相同点及差异,发现阶层之间存在政治参与不均衡性。以上学者的研究结果表明,农民的阶层分化以及由此产生的阶层地位差异会在一定程度上对农民的基层民主政治参与产生影响,但具体的作用方向尚未达成一致。基于上述研究,结合模型设定,本书提出以下假设:

H15:客观阶层地位对参与意愿——村民自治参与行为关系具有调节效应。

H15a:收入阶层地位对参与意愿——村民自治参与行为关系具有调节效应。

H15b:职业阶层地位对参与意愿——村民自治参与行为关系具有调节效应。

H15c:教育阶层地位对参与意愿——村民自治参与行为关系具有调节效应。

H16:主观阶层地位对参与意愿——村民自治参与行为关系具有调节效应。

H16a:主观经济阶层地位对参与意愿——村民自治参与行为关系具有调节效应。

H16b:主观社会阶层地位对参与意愿——村民自治参与行为关系具有调节效应。

4 研究设计与实施

4.1 研究变量的测量方法

费斯宾和艾真将计划行为理论中涉及变量的测量过程分为两个阶段。首先是形成性研究，也就是在测量变量时，先进行变量的界定，然后进行开放式问卷调查，找出突显信念；其次是根据开放式问卷收集的变量信息，编制正式问卷。在对理论变量进行测量时，通常会出现表征指标重叠、数量过多的情况。一般来说，计划行为理论指标可以遵循以下优化原则：其一，研究目的决定影响变量指标的取舍。也就是说，变量指标的保留或剔除取决于是否与研究主题相关。其二，表征指标的层次关系决定各变量指标的区分或聚合。其三，表征指标的重叠程度决定是否进行变量间的合并。所以，当表征指标数量较多时，要根据指标的归属与类别对其进行提炼、归纳。

4.1.1 变量测量的准备工作

4.1.1.1 界定研究行为与确定调查群体

在运用计划行为理论对特定行为影响变量进行测量之前，必须要对该行为进行明确和界定，同时要遵循行为与表征变量之间的一致性原则。所谓"一致性原则"，即研究变量的表征必须包含相同的行为元素，各变量要在特定行为的内涵范围内进行测量。如果违反一致性原则，则会导致评估失效，变量之间的关系容易被低估或混淆。计划行为理论中的行为满足在特定时间与环境内具有外显性与可观测性的要求。在实际操作中，研究行为的定义要具备对象、行动、环境以及时间四个元素。行为定义中的相关元素要依据具体的研究目的进行明确。本书主要研究农村居民的村民自治参与行为，所以行动是村民自治参与，环境是农村，对象是村民自治，时间是调查年度。

确定调查群体是另一项重要的变量测量准备工作。根据研究目的，明确调查的样本。在本书中，关于村民自治参与行为的考察应该落实到广大的农村地区，被调查对象是具有村民自治权利的农村居民。关于农村居民的定义前文中已经给出，在此不再赘述。

4.1.1.2 开展开放式问卷调查

找出凸显信念是整个研究变量测量过程中最重要的环节。凸显信念是表征研究变量的重要依据，同时亦可以为后期制定行为的干预措施提供有益参考。当前，较多研究者在运用计划行为理论进行特定行为研究时，变量的选取过分依赖前人已有研究。这种基于理论视角的变量选取方法，虽然在一定程度上可以发现部分重要的变量，但变量的表征往往不能通过信度、效度检验，理论解释力较低。因此，为反映真实有效的研究结果，找出凸显信念十分必要。本书通过实施开放式问卷调查，寻找计划行为理论变量的凸显信念。选取具有代表性的区域研究样本，通过问答式的访谈过程，收集行为信念，进行信息编码与归纳整理，根据出现频率，找出凸显信念。凸显信念是正式问卷设计的参考依据。此外，计划行为变量涉及较多背景因素，因此，开放式问卷的调查还应包括被调查者的基本情况等信息。

4.1.2 变量表征指标的测量

在运用计划行为理论时，艾真设计的简单问卷模板可以为研究者提供参考。问卷变量采用直接测量和信念测量相结合的方式。行为态度、主观规范、知觉行为控制以及行为意向等变量的评价项目数量处于 3～6 个，所有变量的测量项目均采用 Likert 等级评分法。

4.1.2.1 行为态度的测量

学术界关于行为态度的测量大体可以分为两种情况：单维度的态度测量，或将态度细分为认知性成分（有好处—有害处、有价值—无价值等）与情感性成分（喜欢—不喜欢、满意—不满意等）两个维度进行测量。一般来说，在研究中基于后者的测量占据多数。此外，拉吉卜（Ragheb）和比尔德（Beard）设计的休闲态度量表是测量态度变量的经典量表之一。该量表在原有维度测量的基础上，通过大规模样本问卷调查，利用因子分析法，将态度变量划分为认知、情感、行为倾向三个维度。认知维度的表征涉及“参与某项活动是有价值的”“参与某项活动是有益的”等题项；情感维度的表征涉及“参与某项活动令我感到幸福”“参与某项活动让我感到愉快”等题项；行为倾向维度的表征涉及被调查者参与某项活动的频率。量表采用 Likert 五级评分法，评分等级由低到高为“非常不认同”到“非常认同”。得分越高，说明被调查者的态度越积极，反之则说明被调查者的态度消极。此外，众多学者对态度变量的测量展开了较为丰富研究，具体如表 4-1 所示。

表 4-1　行为态度变量测量的相关研究统计

研究者	测量问项语义	评价方法
艾真、德里弗	愉快的—不愉快的、有趣的—没趣的	Likert 7 级量表
巴伐齐	愉快的、高兴的、舒服的、吸引人的、使人着迷的	Likert 7 级量表
特拉菲莫夫	愉快的—不愉快的、快乐的—不快乐的	Likert 7 级量表
弗伦希	喜欢的—厌烦的、愉快的—不愉快的	Likert 7 级量表

4.1.2.2　主观规范的测量

对于主观规范的测量可以从描述性规范与指令性规范两个维度开展。描述性规范主要反映与被调查对象类似个体对被调查者的影响；指令性规范主要反映被调查者的重要相关个体对被调查者的影响。关于参考群体的选择，研究者认为被调查者的重要相关个体主要是平常与被调查者接触较多的群体，例如父母、朋友、老师、同学、同事、配偶等；而与被调查者类似的个体主要是与被调查者身份或地位等个体特征相似的人群，但平时的交往可能没有那么密切。需要注意的是，部分研究者认为社会中的重要群体或机构亦属于主观规范的参考群体。研究者根据不同维度主观规范的作用程度，进一步将影响主观规范的参考群体划分为主群体与次群体。按照这种分类可以对学术界已有研究进行简单的梳理，具体如表 4-2 所示。

表 4-2　主观规范变量测量的相关研究统计

文献来源	测量维度	参考群体	评价方法
《基于计划行为理论的旅游购物行为意向研究》（王林强，2016 年）	主群体规范信念	家人、朋友、周围人	Likert 5 级量表
	次群体规范信念	政府部门、旅游景区	Likert 5 级量表
《基于计划行为理论的公民参与城市公共危机治理意向研究》（陈琪，2016 年）	主群体规范信念	家人、亲戚、朋友、同事、同学	Likert 5 级量表
	次群体规范信念	所在单位、所在学校、当地城市政府、媒体	Likert 5 级量表

续表

文献来源	测量维度	参考群体	评价方法
《乡村旅游行为意向形成机制研究》(李华敏,2007年)	主群体规范信念	家人、极为重要的人、同事、同学、朋友、认识的人	Likert 5 级量表
	次群体规范信念	旅游行政管理部门、旅游景区、环保单位和人士	Likert 5 级量表
《中国城市居民社区自治行为影响因素研究》(张平,2012年)	主群体规范信念	亲朋好友、同事、领导	直接打分法
	次群体规范信念	党和政府以及社区、小区业委会及其他民间组织、大众传媒	直接打分法

4.1.2.3 知觉行为控制的测量

关于知觉行为控制的测量,学者们大多基于艾真的假设,从自我效能感与控制力两个方面进行直接测量。特拉菲莫夫基于聚合分析方法,利用案例研究对此进行了验证。他将知觉行为控制归纳为困难认知与控制认知两个层面,其中困难认知与艾真的自我效能感概念判定近乎相同。因此,利用直接测量项目从自我效能感与控制力两个方面对知觉行为控制进行测量。自我效能感是个体对完成某种具体行为具备能力的信心强度,在具体的问项中可以表示为“个体对自己有能力做出某项村民自治参与行为的信任程度”。控制力可以理解为个体对是否参与某项村民自治参与行为完全由自我决定的感知强度,在具体的问项中可以表示为“个体在面临参与困难时,对参与某项村民自治参与行为完全取决于自己的认知程度”。该维度变量的选择主要考虑村民自治参与困难,例如时间、精力以及参与渠道等。

4.1.2.4 扩展变量的测量

本书考察的是不同类型的村民自治参与行为,因此,村民自治认知的测量要根据村民自治参与行为的类别划分,逐一对应村民自治参与方式,测量农村居民对具体村民自治参与内涵的了解程度。测量题项的评价方法为自我报告法。

关于社会资本的测量,学术界做过诸多尝试,涉及众多研究领域,在其与行为影响关系的探索中多有体现。根据前文对社会资本变量的界定,本书将社会资本的测量方法根据类别维度进行归纳总结,具体的测量方法如表 4-3 所示。

表 4-3　社会资本变量测量的相关研究统计

文献来源	测量维度	涉及题项	评价方法
《社会资本与中国农村居民的地域性自主参与》(胡荣,2006 年)	交往	与亲戚、本家族成员、同姓村民、同小组村民、同自然村村民、同行政村村民以及村干部的交往程度	Likert 4 级量表
	信任	对亲戚、本家族成员、同姓村民、同小组村民、同自然村村民、同行政村村民以及村干部的信任程度	Likert 4 级量表
	互惠	是否与亲友之间义务帮工,是否向公益事业捐款	“是”计 1 分,“否”计 0 分
	规范	村庄安全感认知、邻里和睦认知、村庄社会风气认知、村庄失窃事件频率等	Likert 4 级、Likert 5 级量表
《村域社会资本、互动与新农保参保行为研究》(吴玉峰、吴中宇,2011 年)	信任	对亲戚、本家族成员、同姓村民、同小组村民、同自然村村民、同行政村村民以及村干部的信任程度	Likert 4 级量表
	交往	与亲戚、本家族成员、同姓村民、同小组村民、同自然村村民、同行政村村民以及村干部的交往程度	Likert 4 级量表
	互惠	邻里之间互相帮忙、互相借东西、互相借钱、帮忙不求回报的认同程度	Likert 4 级量表
	规范	村庄安全感认知、邻里和睦认知、村庄社会风气认知、村庄失窃事件频率等	Likert 4 级、Likert 5 级量表
《党群关系、社会资本与村民自治绩效》(裴志军,2013 年)	信任	村民都是可信任的认知程度	Likert 5 级量表
	互惠	邻里之间相互帮忙支持的认同程度	Likert 5 级量表
	规范	村民村规民约遵守情况的评价	Likert 5 级量表

资料来源:笔者根据研究资料自行整理获得。

4.2 开放式问卷分析

根据对农村居民政治参与行为的研究梳理可以发现，已有学者从社会资本及计划行为理论角度去分析农村居民参与村民自治行为的影响因素，但在潜变量的表征及观测变量的选取上具有较大差异，且尚未形成一致认可的表征量表，因而借助研究理论进行变量筛选或许不能有效地反映村民自治中的实际情况。借鉴计划行为理论变量的测量方法，在进行变量表征前，首先进行开放式问卷分析，从而发掘切实可靠的解释指标。本书设计村民自治认知、村民自治态度、村民自治主观规范、村民自治知觉行为控制、农村社会资本共五个维度十道题目的开放式问卷，对影响农村居民参与村民自治行为的因素进行变量筛选。

改革开放以后，伴随着我国农村社会变革的深化，各地农村呈现出明显的异质化，主要体现在农村经济结构和发展模式、村集体资产规模以及村民自治的规范化程度等方面。与此同时，各地区在地区结构、文化背景等方面具有明显差异。受其影响，关于我国农村社会治理的研究大多打上了地域性的烙印。本书以山东省为研究区域。山东省地处我国东部地区，农业发展基础较好，经济发展水平较高，但从《农村民主自治发展研究》一书中村民委员会组织法（试行）实施办法的出台时间汇总来看，山东省的经济发展情况与村民自治发展步调并不一致，村民自治发展略有滞后，因而对其农村区域村民自治发展情况的探讨具有一定的研究意义。与此同时，从整体的农村经济结构与文化背景来看，山东省与临近几省较为接近，且这几个省份的人口规模较大，可以反映我国较大部分农村区域的村民自治发展情况，具有一定的代表性。

采用立意抽样方法选取德州、烟台两市为访谈区域。根据经济发展情况及地理位置的区分，德州市代表山东省西部经济薄弱地区的农村村民自治发展情况，烟台市代表东部经济发达地区。通过非结构化访谈的方式实施调查。在访谈过程中，针对被访谈对象的差异，采用不同的交流模式，并根据交流内容及时进行追问与记录。通过归纳整理，产生 60 份访谈记录，被访谈对象的基本信息情况如表 4-4 所示。

表 4-4 被访谈对象基本信息情况

项目	分类	人数（人）	百分比（%）
性别	男	44	73.33
	女	16	26.67

续表

项目	分类	人数(人)	百分比(%)
年龄	30 周岁及以下	2	3.33
	31～45 周岁	24	40.00
	46～60 周岁	19	31.67
	60 周岁以上	15	25.00
受教育程度	小学以下	4	6.67
	小学	17	28.33
	初中	18	30.00
	高中	15	25.00
	大专及以上	6	10.00
职业	无业	0	0.00
	农业劳动者	10	16.67
	种地、打工两不误	18	30.00
	在工地或工厂打工	14	23.33
	乡村医生、乡村教师、农业技术员或文化宣传员	2	3.33
	在外地从事服务行业人员	3	5.00
	个体户	9	15.00
	村干部或乡镇工作人员	3	5.00
	私营企业主	1	1.67
家庭人均年收入	3000 元及以下	6	10.00
	3001～8000 元	2	3.33
	8001～12000 元	24	40.00
	12001～20000 元	22	36.67
	20000 元以上	6	10.00

注:表中数据根据访谈问卷自行整理得出。

从访谈对象的具体情况来看,访谈对象在各人口统计学类别的分布上相对均匀,未出现过大的分布差距,调查结果可以大体反映出区域的整体情况。按照被访谈对象对具体问题的回答,将问题答案进行统计记录,最终形成各个具体指标的子集。根据村民对村民自治参与行为认知、村民自治态度、村民自治主观规范、村民自治知觉行为控制以及社会资本等开放性问题的回答,形成多个指标统计表格。

在表 4-5 的指标统计中，通过提炼总结，可以发现农村居民对村民自治认知的回答在选举、监督、决策与村庄事务管理方面比例较高，与前文中的村民自治参与行为分类相一致。

表 4-5 村民自治参与行为认知指标统计(问题 1)

您认为村民自治参与行为包括哪些内容	频数(次)	频率(%)
参加村委会选举	41	68.33
监督村干部的行为	32	53.33
对村庄事务提建议	24	40.00
集资修路、改善农田水利设施	25	41.67
向上级反映村庄问题	8	13.33
遵纪守法、维护村庄秩序	10	16.67
不太清楚	8	13.33

注：以上指标通过访谈内容归纳整理得出，部分指标频率过低，表中并未列出。

表 4-6 至表 4-8 分别是对计划行为理论常规变量指标的统计，此部分问题的设计参考张平对中国城市居民社区自治行为的研究。从表格的统计中可以发现，在解释计划行为理论中的三个重要变量过程中，各变量均得到了频率较高的表征指标。

表 4-6 村民自治态度指标统计(问题 2)

村民自治有什么好处	频数(次)	频率(%)	村民自治有什么坏处	频数(次)	频率(%)
增加知识、提升能力	38	63.33	影响打工赚钱	35	58.33
促进村庄和谐发展	36	60.00	没有坏处	26	43.33
防止自己的利益受到损害	32	53.33	影响与村干部的关系	31	51.67
保障自身权益	34	56.67	被人说闲话	14	23.33
加强村民之间的交流	21	35.00	浪费时间	23	38.33
获得精神满足	18	30.00	说不清楚	7	11.67
说不清楚	8	13.33			

注：以上指标通过访谈内容归纳整理得出，部分指标频率过低，表中并未列出。

表 4-7　村民自治主观规范指标统计(问题 3)

您认为哪些个人或组织会支持您参与村民自治	频数(次)	频率(%)
亲人	54	90.00
朋友	42	70.00
邻居	31	51.67
村干部	15	25.00
上级政府部门	12	20.00
合作社	10	16.67
同村村民	18	30.00
没有人支持	9	15.00

注:以上指标通过访谈内容归纳整理得出,部分指标频率过低,表中并未列出。

表 4-8　村民自治知觉行为控制指标统计(问题 4)

您认为哪些有利条件会促进您参与村民自治	频数(次)	频率(%)	您认为哪些不利条件会阻碍您参与村民自治	频数(次)	频率(%)
个人能力	45	75.00	不是党员	31	12.26
社会威望	41	68.33	文化程度低	22	36.67
兴趣	38	63.33	没时间	28	46.67
党员身份	24	40.00	个人能力	13	21.67
过往村干部任职经历	13	21.67	家族人员数量少	15	25.00
年龄	24	40.00	不是谁都可以参加的	11	18.33
不好说	4	6.67	性别	9	15.00
			不好说	8	13.33

注:以上指标通过访谈内容归纳整理得出,部分指标频率过低,表中并未列出。

表 4-9 至表 4-12 分别是对社会资本维度变量指标的统计。该部分问题答案的统计与胡荣、吴玉峰的研究大体一致,交往、信任维度频率较高的变量表征指标在前者的研究中均有提及,互惠维度与规范维度的变量表征指标大多也与前者的研究相吻合。

表 4-9 社会资本中交往维度指标统计(问题 5)

您跟村里哪些人交往较多	频数(次)	频率(%)
家人	60	100.00
亲戚	55	91.67
朋友	54	90.00
邻居	46	76.67
同村村民	12	20.00
村干部	25	41.67

注:以上指标通过访谈内容归纳整理得出,部分指标频率过低,表中并未列出。

表 4-10 社会资本中信任维度指标统计(问题 6)

您较为信任哪些人	频数(次)	频率(%)
家人	58	96.67
亲戚	57	95.00
朋友	56	93.33
邻居	27	45.00
村干部	14	23.33
同村村民	17	28.33

注:以上指标通过访谈内容归纳整理得出,部分指标频率过低,表中并未列出。

表 4-11 社会资本中互惠维度指标统计(问题 7)

村子内部成员怎样互帮互助	频数(次)	频率(%)
互相帮忙干农活	52	86.67
互相借东西	46	76.67
红白事帮忙	21	35.00
相互借钱	10	16.67
基本上没有互帮互助	4	6.67

注:以上指标通过访谈内容归纳整理得出,部分指标频率过低,表中并未列出。

表 4-12　社会资本中规范维度指标统计(问题 8)

您对村子内部哪些方面比较满意	频数(次)	频率(%)	您对村子内部哪些方面不满意	频数(次)	频率(%)
社会治安	52	86.67	村干部工作	31	51.67
经济发展	32	53.33	基础建设	42	70.00
社会风气	36	60.00	社会风气	27	45.00
邻里和睦	34	56.67	福利分配	16	26.67
基础建设	6	10.00	村委会选举	28	46.67
不好说	3	5.00	卫生状况	9	15.00
			没有不满意	7	11.67

注:以上指标通过访谈内容归纳整理得出,部分指标频率过低,表中并未列出。

根据计划行为理论变量测量方法中的优化原则,进一步对开放式问卷收集的变量表征指标进行优化,剔除重叠的表征指标,经过重新归纳整理,得到表4-13。

表 4-13　开放式问卷指标设定归纳

变量维度	具体指标表征
村民自治认知	民主选举认知
	民主决策认知
	民主监督认知
	民主管理认知
村民自治态度	参与村民自治可以增加知识、提升能力的认同情况
	参与村民自治可以促进村庄和谐发展的认同情况
	参与村民自治可以保障自身权利与利益的认同情况
	参与村民自治可以加强村庄内部交往的认同情况
	参与村民自治可以获取精神满足的认同情况
村民自治主观规范	亲朋好友支持参与村民自治的程度
	村干部支持参与村民自治的程度
	上级领导部门支持参与村民自治的程度
	合作社等组织支持参与村民自治的程度
	同村村民支持参与村民自治的程度

续表

变量维度	具体指标表征
村民自治知觉行为控制	自身能力、年龄、身份、性别等影响参与村民自治的情况
	时间、精力、兴趣影响参与村民自治的情况
	村民自治运行情况影响参与村民自治的情况
社会资本中的交往维度	与亲朋好友交往程度
	与同村村民交往程度
	与村干部交往程度
社会资本中的信任维度	对亲朋好友信任程度
	对同村村民信任程度
	对村干部信任程度
社会资本中的互惠维度	同邻里之间互帮互助的频率
	同邻里之间相互借东西的频率
	邻里之间义务帮助的频率
社会资本中的规范程度	村庄内部的社会治安情况
	村庄内部的社会风气情况
	村庄内部发生矛盾的频率
	村庄成员对村庄的认同程度

注：表格内容根据前文开放式问卷的数据收集整理得出。

4.3 变量解释、表征与量表设计

4.3.1 变量解释

借鉴计划行为、社会分层、社会资本的理论支撑以及既有文献研究，本书将主要研究变量划分为村民自治参与行为、村民自治参与意愿、村民自治认知、自治行为态度、自治主观规范、知觉行为控制、主观阶层地位、客观阶层地位、社会资本以及个人特征、家庭特征和村庄特征等变量。具体的变量操作性定义如表 4-14 所示。

表 4-14　变量的操作性定义

变量名称	变量的定义化操作
村民自治参与行为	在村庄民主选举、民主决策、民主监督、民主管理过程中是否参与
村民自治参与意愿	在村庄民主选举、民主决策、民主监督、民主管理过程中的参与意愿
村民自治认知	对村民自治内涵及运行过程的认知情况
自治行为态度	对参与村民自治的期望预期与价值评价
自治主观规范	在村民自治参与过程中他人或组织对个体行为决策的影响
知觉行为控制	感知执行村民自治参与行为的难易程度以及促进、阻碍因素对自我影响的评价
主观阶层地位	个体对自我经济、社会地位的评价
客观阶层地位	个体在收入、教育、职业等客观层面的阶层地位
社会资本	个体嵌入社会结构中获得社会资源

4.3.2　变量表征与量表设计

初步量表包括四部分内容，第一部分为人口统计学特征（性别、年龄、受教育程度、村干部任职、主要收入来源、职业类别等）、家庭特征（家庭劳动力数量、家庭年总收入、家庭年消费情况等）以及村庄特征（村庄规模、村庄与县城距离、村庄类别、村财收入情况以及村庄外出务工比例等）三方面的基本信息。第二部分为村民自治参与行为、意向、心理认知变量等内容。第三部分为村民主观社会阶层地位、客观社会阶层地位两个方面的测量内容。第四部分为村民社会资本的测量内容，具体分为交往、信任、互惠以及规范四个维度。根据以上变量的操作性定义，遵循可量化、可获取性、科学性等原则进行变量测量量表的设计。第一部分涉及的变量简单明了，无需作进一步变量解释。关于此部分变量的量表设计沿用过往研究范式，在此不再赘述。

本书关于村民自治参与行为变量量表的设计在借鉴《村民委员会组织法》对村民自治参与形式解读的基础上，参考了罗卫、张艳、王林、吕丽瓦等人的相关研究成果。具体的量表设计结果如表 4-15 所示。根据村民自治参与方式的类别，本书对村民自治参与行为进行相应划分，按照村民自治的四种参与方式将村民自治参与行为划分为四种，并对不同类别的村民自治参与行为进行变量指标表征。表中的四个测量题项分别表征村民自治中民主选举、民主决策、民主监督以及民主管理四种形式的参与行为。此变量设计为二元虚拟变量，具体的变量评价为:“是”计 1 分,“否”计 0 分。

在借鉴过往研究的基础上,根据计划行为理论测量方法中的一致性原则要求,村民自治参与意愿的变量量表设计与村民自治参与行为相对应,亦根据村民自治的参与方式,将村民自治参与意愿分为民主选举参与意愿、民主决策参与意愿、民主监督参与意愿以及民主管理参与意愿四类。变量表征涉及 4 个题项,具体的测量基于 Likert 5 级量表法进行评价(非常不愿意=1,比较不愿意=2,一般=3,比较愿意=4,非常愿意=5)。

表 4-15 村民自治参与行为及意向的测量量表

变量	维度	测量项目	题项来源
村民自治行为(AB)	AB1	是否参加民主选举:在村委会换届时有参与民主投票或竞选	自行设计,《中华人民共和国村民委员会组织法》,罗卫(2016 年),张艳(2011 年),王林(2016 年),吕丽瓦(2016 年),夏丹青(2008 年),李振谊(2010 年),翟宇婷、谭小波(2014 年),蔡旺儒(2014 年),于洋(2017 年),赵修华、谢娟(2008 年)
	AB2	是否参加民主决策:定期参加村民会议或村民代表大会决定村庄事务	
	AB3	是否参加民主监督:定期关注村委会公布的事项,有疑问进行查询	
	AB4	是否参加民主管理:按照政策方针及自治章程参与工作,以保证村庄经济管理、社会治安、村风民俗、计划生育等村庄事务的顺利运行	
村民自治意愿(AD)	AD1	是否愿意参加村民自治中的民主选举	自行设计,《中华人民共和国村民委员会组织法》,高力(2014 年),尚云华(2012 年),张岚(2013 年),许荣(2014 年),翟宇婷、谭小波(2014 年),罗卫(2016 年)
	AD2	是否愿意参加村民会议或村民代表会议决定村庄事务	
	AD3	是否愿意核查村务公开信息和内容,监督村委会工作作及村干部行为	
	AD4	是否愿意配合村委会参与村庄各项公共事务的管理	

关于计划行为理论的基础变量方面,本书在遵循测量方法一致性原则的基础上,结合变量界定及开放式问卷中的凸显信念,借鉴过往相关研究设计得出具体的测量量表(见表 4-16)。其中村民自治态度、村民自治主观规范、村民自治知觉行为控制分别设计 6 个、6 个、5 个表征题项,表征题项的数量符合艾真的评价项目规模标准(3~6 个评价项目)。表中亦根据村民自治参与方式的分类,设计 4 个题项对村民自治认知进行表征。对题项的测量借鉴张平 2012 年的研究,题项答案为 0~10 分,打分越高,表示认知程度或者认同程度越高。

表 4-16 心理认知变量的测量量表

变量	维度	测量项目	题项来源
自治行为态度(AA)	AA1	参与村民自治会提升自己的知识、能力等修养	自行设计，费斯宾、艾真(1975 年)，艾真(1991 年)，卡罗尔(2006 年)，特拉菲莫夫(2004 年)，莉姆、杜宾斯基(2005 年)，弗伦希(2005 年)，张平(2012 年)，于洋(2017 年)，蔡旺儒(2014 年)，翟宇婷、谭小波(2014 年)，王林(2016 年)
	AA2	参与村民自治会使村庄和社会更加和谐	
	AA3	参与村民自治会保障自身权利，如选举、决策、监督等权利	
	AA4	参与村民自治会获得物质、经济回报，如低保福利，良好的卫生、治安环境等	
	AA5	通过参与村民自治来促进村庄及社会和谐是必要的	
	AA6	通过参与村民自治来保障自身权利是必要的	
自治主观规范(ASN)	ASN1	出于党、政府的宣传和动员，我会参与村民自治	自行设计，费斯宾、艾真(1975 年)，艾真(1991 年)，莉姆、杜宾斯基(2005 年)，卡罗尔(2006 年)，李华敏(2007 年)，张平(2012 年)，罗卫(2016 年)，王林强(2016 年)，陈琪(2016 年)
	ASN2	在合作社或其他民间组织带领下，我会参加村民自治	
	ASN3	大众传媒对农村事件(如治安、卫生、维权等)的广泛报道会促使我参与村民自治	
	ASN4	出于村委会及村干部的宣传和动员，我会参与村民自治	
	ASN5	村里其他人参与村民自治，我也会参与	
	ASN6	亲戚朋友参与村民自治，我也会参与	

续表

变量	维度	测量项目	题项来源
知觉行为控制(PBC)	PBC1	自信能克服自身和外界各种困难积极参与村民自治	自行设计,费斯宾、艾真(1975 年),艾真(1991 年),艾真(2002 年),特拉菲莫夫(2002 年),莉姆、杜宾斯基(2005 年),卡罗尔(2006 年),张平(2012 年),赵明(2012 年)
	PBC2	自己有能力参与村民自治	
	PBC3	即使时间、精力、兴趣等不利于参与村民自治,还是会参与	
	PBC4	即使村庄管理体制不完善,还是会参与村民自治	
	PBC5	尽管村民自治参与的渠道和机会不多,还是会参与村民自治	
村民自治认知(AC)	AC1	村民自治包括选举村委会及村民代表	自行设计,陈怀中、刘霞(2008 年),林敏(2010 年),张平(2012 年),王春云(2014 年),翟宇婷、谭小波(2014 年),蔡旺儒(2014 年),于洋(2017 年)
	AC2	村民自治包括民主评议、监督村干部或村庄公共事务的进行	
	AC3	村民自治包括为村庄发展建言献策	
	AC4	村民自治包括参加维护村庄社会治安、打扫卫生、集资修建基础设施等公益活动	

根据国内外研究文献,利用经济收入水平、职业等级以及受教育程度三个题项表征阶层地位中的客观分层维度;利用个人经济地位评价与个体社会地位评价两个题项表征阶层地位中的主观分层维度。量表设计如表 4-17 所示。

表 4-17 阶层地位的测量量表

变量	维度	测量项目	题项来源
主观阶层地位(SSS)	SSS1	个人经济地位评价(低—高)	中国综合社会调查问卷(2010 年),阿德勒等(2000 年),阿德勒等(2008 年),皮福等(2010 年),克里斯蒂、巴林(2009 年),卢福营、刘成斌(2005 年),李春玲(2005 年)
	SSS2	个人社会地位评价(低—高)	

续表

变量	维度	测量项目	题项来源
客观阶层地位(SSO)	SSO1	经济收入水平(低—高)	拉克曼、韦弗(1998年),格罗斯曼、瓦尔纳姆(2011年),陆学艺(1998年),李路路(2003年),刘精明(2005年),卢福营、刘成斌(2005年),刘锐(2012年),万能、原新(2009年),王春光、赵玉峰(2018年)
	SSO2	职业等级(1~9级)	
	SSO3	受教育程度(低—高)	

关于收入分层方面,根据《2016年中国统计年鉴》,2015年中国农村居民人均年可支配收入为11421.7元。按照收入五等份分组,低收入户(20%)人均可支配收入为3085.6元,中等偏下户(20%)人均可支配收入为7220.9元,中等收入户(20%)人均可支配收入为10310.6元,中等偏上户(20%)人均可支配收入为14537.2元,高收入户(20%)人均可支配收入为26013.9元。因此本书对收入分层进行5阶层划分,收入下层标准是人均年收入3000元以下,中下层标准是0.3万~0.8万元,中层标准是0.8万~1.2万元,中上层标准是1.2万~2万元,上层标准是人均年收入2万元以上。

关于教育分层方面,考虑到农村居民受教育程度的具体实际,结合开放式问卷的分析结果,将教育分层进行5个阶层划分,其中,从没上过学划定为下层标准,小学毕业及初中未毕业划定为中下层标准,初中毕业为中层标准,高中毕业为中上层标准,大专及以上毕业为上层标准。

关于职业分层方面,结合陆学艺和王春光、赵玉峰等相关研究,借鉴卢福营、刘成斌对农村社会成员的职业分层标准,将农村居民分为9个阶层。阶层地位从低到高依次为无业人员,农业劳动者,兼业劳动者,第二产业劳动者,乡村医生、乡村教师、农业技术员或文化宣传员,第三产业劳动者,个体户,农村管理者以及私营企业主。按照阶层地位的排序进行打分,分值分布为1~9分。

关于主观分层方面,个体经济地位评价按照阿德勒(Adler)等和卢福营、刘成斌等人的研究成果,对主观经济阶层地位进行量化,以反映农村居民对自身家庭经济情况的认同程度。个人社会地位评价按照中国综合社会调查(CGSS)中社会地位的问卷设计,结合已有研究,利用农村居民对自身社会地位的认同程度进行表征。根据认同程度的高低进行自我打分,分值设定为0~10分,打分越高,表示对于自身地位的评价越高。

本书在社会资本变量的量表设计上,在参考国内外既有关于社会资本变量分类标准的研究基础上,主要借鉴胡荣和吴玉峰、吴中宇对社会资本的量表设计,根据开放式问卷的调查，进行删减及归纳，形成最终的量表设计（见表 4-18）。在具体的类别变量上，通过整合形成社会交往、社会信任、社会互惠以及社会规范四个变量，分别用 3～4 个测量项目进行表征。各变量的测量采用 Likert 5 级评分法，题项答案由低到高设定为非常低、比较低、一般、比较高、非常高，并依次赋值为 1～5 分。社会规范变量中的“邻里之间吵架、矛盾发生频率”采用反向赋值法，题项答案由高到低赋值为 1～5 分。

表 4-18 社会资本的测量量表

变量	维度	测量项目	题项来源
社会交往(SI)	SI1	与本村亲戚交往程度	普特南（1993 年），伍尔科克（1998 年），胡荣（2006 年），成城城（2011 年），吴玉峰、吴中宇（2011 年）
	SI2	与同村村民交往程度	
	SI3	与村干部交往程度	
社会信任(ST)	ST1	对本村亲戚信任程度	帕特南（2001 年），王亮（2006 年），胡荣（2006 年），成城城（2011 年），吴玉峰、吴中宇（2011 年）
	ST2	对同村村民信任程度	
	ST3	对村干部信任程度	
社会互惠(SR)	SR1	邻里互相帮忙的频率	帕特南（2001 年），胡荣（2006 年），成城城（2011 年），吴玉峰、吴中宇（2011 年），裴志军（2013 年）
	SR2	邻里互相借东西的频率	
	SR3	帮忙不求回报认同程度	
社会规范(SS)	SS1	村庄生活安全感认同程度	帕特南（2001 年），裴志军（2013 年），胡荣（2006 年），李剑秋（2009 年），王丽华（2012 年），成城城（2011 年），吴玉峰、吴中宇（2011 年）
	SS2	为村庄感到光荣的频率	
	SS3	村庄风气认同程度	
	SS4	邻里之间吵架、矛盾发生频率	

借助理论研究的基础，根据开放式问卷的指标统计，结合变量表征指标的设计，得到研究的最终问卷。

4.4 调研实施与量表设计质量分析

4.4.1 调研实施与样本统计

2017 年 4～10 月，调查员分别在德州市、临沂市以及菏泽市三个地区开展抽样调查。调查区域范围较广，分布在山东省的西北、西南及东南地区。根据地区内部农村经济发展状况，从代表性角度考虑，分别在三个地区选择平原、沂南、定陶三个样本县。在样本的选择上，首先运用简单随机抽样方法，随机在三个地区各抽取三个乡镇；然后运用逐级分层抽样，根据调查乡镇的村庄数量确定各乡镇抽取样本村的个数，样本村的数量介于 8～10 个，然后从各样本村中随机抽取 4～5 名样本农户进行问卷调查。本次调查对象为具备参与村民自治资格的农村居民。本次调研共发放问卷 400 份，通过回收、筛选，得到有效问卷 351 份，有效问卷回收率为 87.75%。被调查农村居民的区域分布及其具体的个体特征统计情况分别如表 4-19 和表 4-20 所示。从整体的样本区域分布情况来看，三个地区的样本调查规模相差不大，各调查乡镇的样本数量介于 36～41 个，未出现分布不均的现象。从样本的个体特征统计来看，被调查对象的男女比例为 3∶1，根据过往研究，比例较为合理；从调查样本的年龄来看，各年龄段的样本均有涉及，样本在各阶段村庄规模的分布较为均匀，整体较为合理；调查样本中曾担任村干部的比例接近 30%，职业分布以农业劳动者与兼业者居多，受教育程度大多为高中及高中以下学历，但大专及以上学历亦有样本被调查，主要收入来源为经营农业收入与务工收入，整体符合农村的具体情况。综上所述，本次调查选择的样本在各类别特征的分布上较为合理，调查样本具有一定的代表性。

表 4-19　样本区域分布情况

县（市、区）	样本数量（个）	乡镇	村庄	样本数量（个）
德州市平原县	113	张华镇	大崔村、梨园村、姚庄村、张华村、胡庄村、北赵村、韩庄村、贺沟村	39
		腰站镇	柳庄村、郭庄村、前槐王庄村、沙庄村、东韩营村、黄庄村、小张庄村、梁庄村	36
		王庙镇	刘新环村、大杜庄村、辛庄村、路庄村、苏集村、郭庄村、魏庄村、土地庙村	38
菏泽市定陶区	120	马集镇	刘庄寨村、朱丁庄村、梁堂村、蔡楼村、王庄村、牛杨村、马楼村、刘庄村、张圈村、谷胡同村	41
		张湾镇	湾子张村、李家村、赵屯村、耿家村、沙山寺村、高家村、杨庄村、张湾村、吕沟村	40
		南王店镇	司庙村、大李村、王庄寨村、丰庄村、晁辛庄村、董庄村、晁楼村、王楼村、万庄村	39

续表

县(市、区)	样本数量(个)	乡镇	村庄	样本数量(个)
临沂市沂南县	118	张庄镇	上峪村、张庄一村、蒋家庄村、南官庄村、松泉峪村、北沿汶村、杏山庄村、花峪庄村	38
		双堠镇	蒋家峪村、涝子峪村、果庄村、石门村、全胜村、菜峪村、双堠村、柳泉峪村	39
		孙祖镇	崖子村、宝石峪村、王家峪村、谢家峪村、姚家峪村、孟良崮村、刑家庄子村、孙祖村、青龙峪村	41

表 4-20 样本特征描述

变量	类别	样本数量(个)	百分比(%)
性别(N=351)	男	266	75.78
	女	85	24.22
年龄(N=351)	18～30 岁	44	12.54
	31～44 岁	93	26.50
	45～59 岁	168	47.86
	60 岁以上	46	13.10
是否曾经担任村干部(N=351)	是	106	30.20
	否	245	69.80
受教育程度(N=351)	文盲	12	3.42
	小学毕业	67	19.09
	初中毕业	145	41.31
	高中或中专毕业	84	23.93
	大专毕业及以上	43	12.25
主要收入来源(N=351)	经营农业收入	130	37.04
	务工收入	163	46.44
	工资收入	12	3.42
	个体户经营收入	37	10.54
	商业收入	9	2.56

续表

变量	类别	样本数量(个)	百分比(%)
村庄规模(N=336)	500人以下	55	16.37
	500～800人	78	23.21
	801～1200人	77	22.92
	1201～2000人	89	26.49
	2000人以上	37	11.01
家庭人均年收入(N=351)	3000元以下	21	5.98
	3001～8000元	98	27.92
	8001～12000元	104	29.63
	12001～20000元	85	24.22
	20000元以上	43	12.25
职业(N=351)	无业	2	0.57
	农业劳动者	91	25.93
	种地、打工两不误(兼业)	124	35.33
	外出打工者	37	10.54
	乡村医生、乡村教师或文化宣传员	15	4.27
	在外地从事服务行业人员	10	2.85
	个体户	32	9.12
	村干部或乡镇工作人员	32	9.12
	私营企业主	8	2.28

4.4.2 样本数据正态分布检验

在进行数据分析前，必须要对数据的质量进行检验。本书运用结构方程模型分析村民自治参与行为的影响因素，结构方程模型要求研究数据必须满足正态分布。运用SPSS17.0软件对数据进行正态分布检验，具体结果如表4-21所示。从所有变量的偏度系数值与峰度系数值的分布来看，各变量指标的偏度系数值的绝对值介于(0,2)的区间内，峰度系数值的绝对值大多小于3，社会交往与社会信任均有一个指标峰度系数值略大于3，分别为3.219和3.145。从正态分布的检验值来看，所有变量数据均满足克莱恩(Kline)的标准，即偏度系数值小于3、峰度系数值小于8，表明研究变量的各表征指标均符合正态分布。

表 4-21 数据正态性分布检验

变量	测量项	偏度		峰度	
		统计量	标准误	统计量	标准误
村民自治参与行为	AB1	−1.927	0.130	1.723	0.260
	AB2	−1.580	0.130	0.499	0.260
	AB3	0.780	0.130	−1.400	0.260
	AB4	−0.097	0.130	−2.002	0.260
村民自治参与意愿	AD1	−1.385	0.130	1.237	0.260
	AD2	−1.208	0.130	1.212	0.260
	AD3	−0.235	0.130	−0.127	0.260
	AD4	−0.534	0.130	−0.606	0.260
村民自治认知	AC1	−0.517	0.130	−0.369	0.260
	AC2	−0.518	0.130	−0.392	0.260
	AC3	−0.440	0.130	−0.455	0.260
	AC4	−0.512	0.130	−0.270	0.260
自治行为态度	AA1	−0.021	0.130	−0.872	0.260
	AA2	−0.069	0.130	−0.877	0.260
	AA3	−0.051	0.130	−0.877	0.260
	AA4	−0.028	0.130	−0.908	0.260
	AA5	0.002	0.130	−0.802	0.260
	AA6	−0.072	0.130	−0.932	0.260
自治主观规范	ASN1	−0.397	0.130	−0.942	0.260
	ASN2	−0.278	0.130	−1.017	0.260
	ASN3	−0.422	0.130	−0.951	0.260
	ASN4	−0.324	0.130	−0.970	0.260
	ASN5	−0.462	0.130	−0.773	0.260
	ASN6	−0.467	0.130	−0.790	0.260

续表

变量	测量项	偏度		峰度	
		统计量	标准误	统计量	标准误
知觉行为控制	PBC1	−0.509	0.130	−0.784	0.260
	PBC2	−0.542	0.130	−0.757	0.260
	PBC3	−0.586	0.130	−0.651	0.260
	PBC4	−0.431	0.130	−0.798	0.260
	PBC5	−0.668	0.130	−0.480	0.260
主观阶层地位	SSS1	−0.336	0.130	0.862	0.260
	SSS2	−0.700	0.130	−0.069	0.260
客观阶层地位	SS01	0.061	0.130	−0.528	0.260
	SS02	0.999	0.130	−0.369	0.260
	SS03	0.008	0.130	−0.296	0.260
社会交往	SI1	−1.776	0.130	3.219	0.260
	SI2	−1.179	0.130	0.684	0.260
	SI3	−0.733	0.130	−0.456	0.260
社会信任	ST1	−1.366	0.130	3.145	0.260
	ST2	−1.279	0.130	1.533	0.260
	ST3	−1.436	0.130	1.498	0.260
社会互惠	SR1	−1.314	0.130	1.451	0.260
	SR2	−0.382	0.130	−0.895	0.260
	SR3	−0.362	0.130	−0.873	0.260
社会规范	SS1	−0.750	0.130	0.220	0.260
	SS2	−1.507	0.130	2.096	0.260
	SS3	−0.503	0.130	−0.288	0.260
	SS4	−1.046	0.130	1.181	0.260

4.4.3 量表信效度检验

调查问卷的信度分析是用于评价问卷测量结果的稳定性或者可靠性程度的一种方法，即同一群被调查对象对同一份问卷进行多次测量的结果所具有的一致性程度。信度分析方法比较常用的测量标准是克朗巴哈(Cronbach's α)系数及问项一总体相关系数(CITC)。通过二者对量表质量的检测,可以进行问卷删减及修正,以实现问卷的优化。一般认为,Cronbach's α 系数大于 0.6 时,说明量表的信度符合基本的要求。袁建平在此基础上提出了更加严格的标准,认为 Cronbach's α 系数在 0.9 以上说明问卷结果十分可信;在 0.8 以上说明很可信;在 0.7 以上说明结果不是其价值;在 0.7 以下则需要作较大的修正。丘吉尔(Churchill)认为运用 CITC 指标可以减少测量调控的多因子符合现象,删除不恰当的条款有助于提高量表整体的内部一致性。通常,当 CITC 小于 0.4 且删除该问项后量表整体的一致性系数得以提高的问项应当予以删除。

基于上述分析方法和检验标准,对 351 份有效样本数据进行 Cronbach's α 系数及问项一总体系数(CITC)检验,所得结果如表 4-22 所示。在 Cronbach's α 系数检验方面,问卷中所有变量的测量量表系数值均大于 0.6,符合农纳利(Nunnally)与克莱的标准。进一步来看,阶层地位变量测量量表的 Cronbach's α 系数值为 0.671,较为接近 0.7,其他变量的系数值均大于 0.7,亦符合袁建平的一致性系数标准,说明该调查问卷的信度较好。在问项一总体系数(CITC)检验方面,本书基于 CITC 指标小于 0.4 的标准进行指标筛选,删除了社会规范中的 SS4,再次进行可靠性检验显示社会规范的内部一致性 α 系数提高为0.803,表明测量工具进一步得以优化。

表 4-22 样本数据信度检验

变量	题项数	测量项	项删除后的均值	项删除后的方差	CICT	项删除后的 Cronbach'α 系数	Cronbach' α 系数
村民自治参与意愿	4	AD1	11.74	5.158	0.548	0.625	0.715
		AD2	11.86	5.130	0.617	0.584	
		AD3	12.26	6.180	0.406	0.706	
		AD4	12.11	5.301	0.455	0.687	
村民自治认知	4	AC1	20.27	47.214	0.961	0.987	0.988
		AC2	20.22	47.246	0.973	0.984	
		AC3	20.35	47.915	0.972	0.984	
		AC4	20.23	48.485	0.975	0.984	
自治行为态度	6	AA1	31.99	146.403	0.968	0.992	0.993
		AA2	31.83	145.523	0.978	0.991	
		AA3	31.78	147.126	0.982	0.991	
		AA4	31.86	146.718	0.978	0.991	
		AA5	31.86	148.604	0.973	0.991	
		AA6	31.73	146.507	0.968	0.992	

续表

变量	题项数	测量项	项删除后的均值	项删除后的方差	CICT	项删除后的Cronbach'α系数	Cronbach'α系数
自治主观规范	6	ASN1	34.34	161.779	0.935	0.980	0.983
		ASN2	34.54	161.272	0.931	0.980	
		ASN3	34.33	160.703	0.951	0.978	
		ASN4	34.50	162.171	0.935	0.980	
		ASN5	34.33	161.284	0.949	0.978	
		ASN6	34.38	161.105	0.943	0.979	
知觉行为控制	5	PBC1	28.18	102.696	0.942	0.981	0.984
		PBC2	28.07	102.394	0.953	0.980	
		PBC3	27.98	103.320	0.958	0.979	
		PBC4	28.24	103.641	0.950	0.980	
		PBC5	27.92	104.496	0.957	0.979	
社会交往	3	SI1	8.17	3.895	0.749	0.868	0.881
		SI2	8.46	2.963	0.865	0.741	
		SI3	8.73	2.771	0.748	0.874	
社会信任	3	ST1	8.51	3.228	0.548	0.915	0.838
		ST2	8.76	1.995	0.861	0.605	
		ST3	8.75	1.818	0.777	0.714	
社会互惠	3	SR1	7.36	4.871	0.696	0.964	0.908
		SR2	7.97	3.485	0.880	0.814	
		SR3	7.96	3.441	0.908	0.788	
社会规范	4	SS1	12.15	4.079	0.592	0.627	0.730
		SS2	11.86	4.123	0.646	0.601	
		SS3	12.34	3.824	0.603	0.617	
		SS4	12.47	4.901	0.283	0.803	

续表

变量	题项数	测量项	项删除后的均值	项删除后的方差	CICT	项删除后的 Cronbach'α 系数	Cronbach'α 系数
阶层地位	5	SSO1	17.82	20.201	0.646	0.602	0.671
		SSO2	13.38	13.894	0.433	0.642	
		SSO3	17.92	18.723	0.563	0.587	
		SSS1	17.01	14.263	0.401	0.662	
		SSS2	17.75	19.921	0.462	0.623	

效度是问卷调查研究中最重要的特征，其体现问卷的有效性与正确性，即问卷量表可以测量出变量特性的程度。调查问卷的分析方法主要有内容效度、准则效度以及结构效度检验。本书中的各研究变量量表设计基于过往研究成果与开放式问卷的调查分析，问卷变量量表设计的内容效度均可较好保证。

根据收集的 351 份有效数据，借助 SPSS17.0 统计软件实施探索性因子分析，进行结构效度检验。探索性因子分析是寻找多元观测变量本质结构并进行降维处理的方法，其通过分析变量间的内部关系，对被观测数据的基本结构进行评价，并用几个假想因子表示基本的数据结构。在因子分析的结果中，累计贡献率、共同度及因子负荷是评价结构效度的主要指标。KMO 值是判断是否适合进行探索性因子分析的重要指标。根据凯泽(Kaiser)对 KMO 值的检验标准，KMO 值大于 0.9 时，表明非常适合；KMO 值介于 0.8～0.9 时，表明比较适合；KMO 值介于 0.7～0.8 时，表明一般；KMO 值介于 0.6～0.7 时，表明不太适合；KMO 值小于 0.5 时，表明不适合。

在具体的结构效度检验方面，首先，量表 KMO 样本测度检验和巴特利(Bartlett's)球体检验结果如表 4-23 所示，KMO 值为 0.948，大于 0.9 的评价标准，且统计值显著($p<0.000$)，说明该测量量表可以进行因子分析。其次，对计划行为理论及其扩展变量进行探索性因子分析，KMO 值为 0.958，总方差解释率和因子负荷矩阵结果分别如表 4-24 和表 4-25 所示。总方差解释率达 70.436%，共提取五个主因子，与预设的自治行为态度、自治主观规范、知觉行为控制、村民自治认知以及阶层地位五类变量相吻合。表明基于计划行为理论的测量工具具有较高的建构效度。最后，对社会资本测量量表进行探索性因子分析，KMO 值为 0.864，总方差解释率和因子负荷矩阵结果分别如表 4-26 和表 4-27 所示，可见各变量较好地分布在预设的主因子上，且因子负荷值均大于 0.9。综上表明测量量表具有较强的建构效度，问卷设计质量较好。

表 4-23　量表 KMO 值和 Bartlett's 球体检验

Kaiser-Meyer-Olkin(KMO)样本充分性检测		0.948
Bartlett's 的球体检验	近似卡方	22235.514
	自由度 *df*	1081
	显著性概率 Sig.	0

表 4-24　计划行为理论及扩展变量因子的特征根和贡献率

主因子	1	2	3	4	5
特征根	6.169	5.986	4.034	3.841	2.630
贡献率(%)	23.729	23.024	15.516	14.771	10.116
累积贡献率(%)	23.729	46.753	62.268	77.040	87.156

表 4-25　计划行为理论及扩展变量正交旋转因子载荷矩阵

测量项	成分				
	1	2	3	4	5
ASN6	0.870	0.277	0.228	0.195	0.045
ASN5	0.853	0.277	0.271	0.212	0.092
ASN2	0.843	0.251	0.285	0.204	0.068
ASN4	0.842	0.268	0.275	0.230	0.077
ASN3	0.823	0.261	0.359	0.223	0.077
ASN1	0.812	0.292	0.334	0.215	0.112
AA3	0.263	0.881	0.213	0.246	0.147
AA6	0.280	0.877	0.198	0.220	0.145
AA2	0.267	0.874	0.215	0.270	0.114
AA5	0.266	0.874	0.215	0.245	0.150
AA4	0.292	0.873	0.212	0.255	0.112
AA1	0.283	0.860	0.221	0.256	0.142
PBC5	0.470	0.263	0.769	0.233	0.061
PBC2	0.469	0.264	0.755	0.243	0.078
PBC3	0.485	0.283	0.749	0.223	0.078
PBC1	0.460	0.277	0.748	0.230	0.088

续表

测量项	成分				
	1	2	3	4	5
PBC4	0.501	0.263	0.743	0.213	0.075
AC2	0.255	0.311	0.224	0.854	0.167
AC4	0.278	0.337	0.223	0.845	0.134
AC3	0.278	0.330	0.228	0.840	0.159
AC1	0.283	0.337	0.203	0.835	0.154
SSO1	−0.061	0.033	0.039	0.027	0.811
SSS1	0.091	0.080	0.202	0.075	0.806
SSO2	0.105	0.055	−0.074	0.063	0.662
SSS2	0.076	0.207	0.397	0.179	0.575
SSO3	0.094	0.344	−0.093	0.213	0.530

表 4-26　社会资本变量因子的特征根和贡献率

主因子	1	2	3	4
特征根	2.498	2.433	2.418	2.281
贡献率(%)	20.820	20.274	20.152	19.006
累积贡献率(%)	20.820	41.094	61.246	80.252

表 4-27　社会资本正交旋转因子载荷矩阵

测量项	社会交往因子负载	社会互惠因子负载	社会规范因子负载	社会信任因子负载
SI1	0.850	0.216	0.129	0.274
SI2	0.800	0.226	0.256	0.330
SI3	0.644	0.367	0.380	0.205
SR2	0.230	0.877	0.244	0.234
SR3	0.265	0.873	0.258	0.216
SR1	0.558	0.617	0.171	0.100
SS2	0.327	0.054	0.799	0.166

续表

测量项	社会交往 因子负载	社会互惠 因子负载	社会规范 因子负载	社会信任 因子负载
SS1	0.172	0.214	0.775	0.136
SS3	0.064	0.320	0.764	0.183
ST2	0.249	0.252	0.257	0.823
ST1	0.210	0.065	0.026	0.798
ST3	0.203	0.263	0.382	0.741

4.5 小 结

根据第三部分的模型构建及研究假设，本部分利用计划行为理论的测量方法，结合国内外文献中已有的变量表征方式，进行开放式问卷分析，对村民自治认知、村民自治参与行为态度、村民自治主观规范、村民自治知觉行为控制、农村社会资本等变量的量化指标进行筛选与归纳，并根据变量的操作化定义与已有研究成果，设计得到变量的测量量表。按照随机分层抽样对山东省的农村居民进行问卷调查，共回收351份有效问卷，样本数据通过正态分布检验，可以利用结构方程模型进行影响因素分析。通过对调查问卷的信度及效度检验发现，问卷设计量表的整体信度较高，且具有较强的建构效度。

5 农村居民参与村民自治的现状及行为差异分析

5.1 农村居民参与村民自治的现状分析

5.1.1 村民自治参与意愿现状

从农村居民参与村民自治意愿强度的分布情况来看，关于不同类别的村民自治参与维度，农村居民表现出来的参与意愿差别较大。按照强度强弱排序依次为民主选举(4.25)、民主决策(4.13)、民主管理(3.88)、民主监督(3.74)，具体结果如图5-1所示。具体来看，农村居民对于民主选举和民主决策的参与热情较高，均处于比较愿意的水平；而民主管理和民主监督的参与意愿强度较为接近，二者均处于一般水平以上，尚未达到比较愿意参加的水平。民主选举的参与意愿最高，说明农村居民对于行使自身权利，选举产生自己心仪的村干部抱有期待。民主决策的参与意愿亦较高，说明农村居民对于村庄内部重大事务的关注程度较高，期望在村庄治理中扮演角色。民主管理与民主监督的参与意愿相对前者较低，大抵是因为二者相对于前者在时间与精力花费上要求更高。而民主监督的参与意愿相对其他参与方式最低，与研究预期略有差异。按照常理，农村居民处于对维护自身利益的考虑，对于村干部及村委会的行为应该更加关注，但实际数据反映农村居民的参与热情一般。一方面，可能是因为农村固有的场域特质，村庄内部的熟人效应，限制了农村居民的民主监督；另一方面，现行的农村民主监督在参与渠道、机会少及参与机制尚不完善等方面的缺陷，限制了农村居民的参与热情。

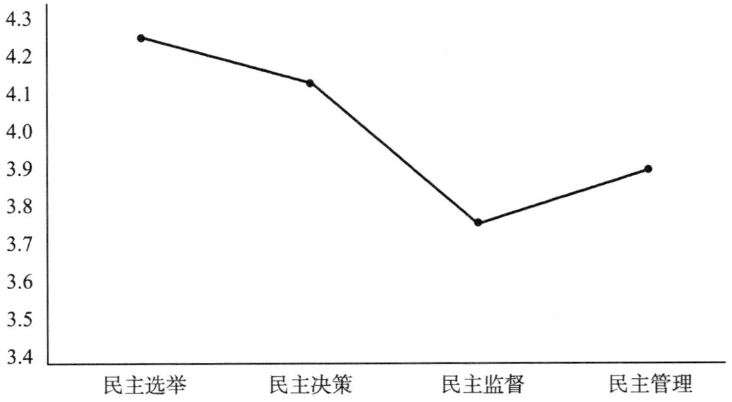

图 5-1　分类别村民自治参与意愿强度情况

5.1.2　村民自治参与行为现状

本书从民主选举、民主决策、民主监督、民主管理四个层面探讨农村居民村民自治的具体参与情况，具体参与率结果如图 5-2 所示。整体来看，四个层面的村民自治参与行为参与率差较为突出。其中，民主选举和民主决策的参与率较为接近，均超过了 80%，分别为 84.62% 和 80.91%，明显高于其他类别的村民自治参与行为；民主管理和民主监督的参与率分别为 52.42% 和 31.91%。农村居民民主监督参与水平相对较低，与既有研究吻合。和村民自治参与意愿略有差异的是，农村居民的民主管理和民主监督参与率差距较大，二者的参与率绝对值相差超过了 20%。从不同类别村民自治参与意愿和行为的比较来看，二者存在一定的相互联系，按照类别对参与强度和参与率进行高低排序，行为参与率的序列趋势和参与意愿强度相一致。这可以说明农村居民在作出村民自治参与决策时，其参与动机会对其产生影响。至于为什么村民自治参与行为参与率会呈现上述排序，笔者认为，这其实是农村居民在各种村民自治参与方式上作出的理性选择，民主选举和民主决策发生频率较低，付出成本较低，对于其家庭农业经营或外出务工的影响较小，故而实际的参与情况较为乐观；而参与民主管理在很多情况下要付出一定的经济成本和时间成本，因此农村居民配合程度较低；民主监督往往是自身利益受损时才会选择参与，加之监督途径较少，所以参与率较低。

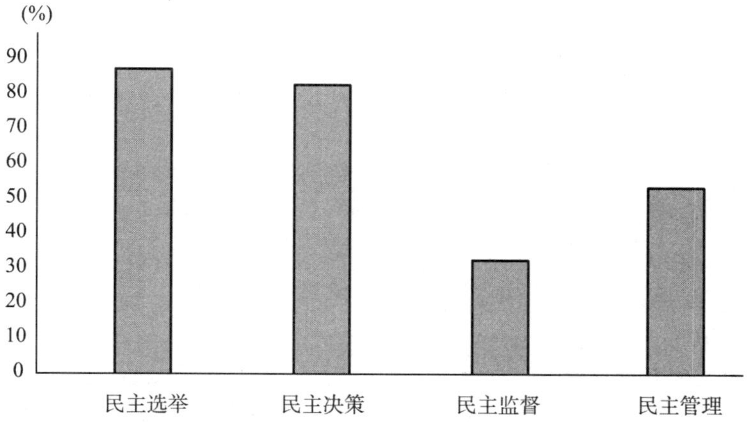

图 5-2 分类别村民自治参与行为参与率情况

5.1.3 村民自治参与的心理认知水平

表 5-1 的数据显示，农村居民对村民自治的总体认知处于及格水平线以上，但尚未达到良好水平，各项内容的认知得分处于[6.67,6.80]的区间内，说明农村居民对于村民自治的认知尚处于较浅层面，有必要进一步加深认知。具体来看，农村居民对于村民自治范畴中的民主决策认知水平最高，平均得分为 6.80；对于民主监督的认知水平略低，平均得分为 6.67；各项内容的认知得分较为接近，说明农村居民对于村民自治各项内容的了解相对均衡，未出现顾此失彼的现象。

表 5-1 村民自治认知状况描述统计

项目	最小值	最大值	均值	均值标准误	标准差	方差
AC1	0	10	6.75	0.128	2.390	5.711
AC2	0	10	6.80	0.126	2.367	5.604
AC3	0	10	6.67	0.124	2.319	5.376
AC4	0	10	6.79	0.121	2.272	5.164

表 5-2 的数据显示，农村居民对村民自治的总体态度得分亦处于及格水平线以上，与对村民自治的认知水平较为接近，各项内容的认知得分处于[6.23,6.48]的区间内，说明农村居民对于村民自治参与带来的积极后果具有一定程度的正向感知。在具体的指标测量中，农村居民对于“参与村民自治来保障自身权利是必要的”(AA6)的认同水平最高，平均得分为 6.48；对于“参与村民自治会提升自己的知识、能力等修养”(AA1)的认同水平略低，平均得分为 6.23。

表 5-2 村民自治态度状况描述统计

项目	最小值	最大值	均值	均值标准误	标准差	方差
AA1	0	10	6.23	0.133	2.496	6.232
AA2	0	10	6.38	0.134	2.512	6.310
AA3	0	10	6.43	0.130	2.437	5.937
AA4	0	10	6.35	0.131	2.461	6.056
AA5	0	10	6.35	0.128	2.393	5.725
AA6	0	10	6.48	0.133	2.491	6.205

表 5-3 的数据显示，农村居民的村民自治知觉行为控制感知水平明显高于自治内涵认知水平与态度感知水平，所有题项的平均得分分布在[6.86,7.18]的区间内，相互之间的差异亦较小，但从各题项的方差数值来看，群体内部的差距较自治内涵认知水平与态度感知水平具有加剧趋势。具体来看，农村居民在“认为自己有能力参与村民自治”“即使时间、精力、兴趣等不利于您参与村民自治，还是会参加”“尽管村民自治参与的渠道和机会不多，还是会参与村民自治”三个题项的平均得分均超过了 7，说明能力限制，时间、精力、兴趣不足，参与的渠道和机会不多对农村居民参与村民自治的影响相对较小，农村居民对于外界因素会干扰其村民自治参与的感知程度不强。

表 5-3 村民自治知觉行为控制状况描述统计

项目	最小值	最大值	均值	均值标准误	标准差	方差
PBC1	0	10	6.92	0.142	2.668	7.119
PBC2	0	10	7.03	0.142	2.659	7.071
PBC3	0	10	7.12	0.139	2.603	6.778
PBC4	0	10	6.86	0.139	2.604	6.780
PBC5	0	10	7.18	0.136	2.544	6.473

表 5-4 的数据显示，农村居民的村民自治主观规范水平比知觉行为控制感知水平略有下降，各测量指标平均得分处于[6.75,6.96]的区间内，没有平均得分超过 7 的得分，但均明显高于及格水平，说明农民居民在村民自治参与决策时身边的重要他人和重要机构对其具有一定的影响。具体来看，农村居民对于村里其他人影响其作出村民自治参与行为的评价水平最高，平均得分为 6.96；对于党政机构、大众传媒以及亲朋好友的影响评价水平亦相对较高；而对于合作社或其他民间组织、村委会及村干部的影响评价水平略低，平均得分分别为 6.75 和 6.78。这说明农村居民在进行村民自治参与决策时，更愿意听从村里其他人、党政机构、大众传媒以及亲朋好友的意见与建议。

表 5-4 村民自治主观规范状况描述统计

项目	最小值	最大值	均值	均值标准误	标准差	方差
ASN1	0	10	6.95	0.141	2.641	6.977
ASN2	0	10	6.75	0.143	2.671	7.133
ASN3	0	10	6.95	0.141	2.649	7.018
ASN4	0	10	6.78	0.140	2.625	6.892
ASN5	0	10	6.96	0.140	2.630	6.915
ASN6	0	10	6.90	0.142	2.652	7.031

表 5-5 列出了社会资本指标的量化情况，包括社会交往（SI）、社会信任（ST）、社会互惠（SR）与社会规范（SS）四个维度。从表 5-5 中可以看出，农村居民的整体社会资本水平较高，数值处于[3.68，4.51]的区间内，各维度的社会资本水平存在明显差异。按照数值大小进行排序，社会信任水平最高，社会交往水平次之，社会规范水平再次之，社会互惠水平最低。在数值低于 4 的所有指标中，社会信任维度并未涉及，社会规范与社会交往维度各占一席，社会互惠维度有两个指标。具体来看，在社会交往维度中，农村居民与村干部的交往程度明显低于其他指标；在社会规范中，村庄内部的社会风气评价得分略低；在社会互惠中，“邻里经常互相借东西”“帮忙不求回报”两个方面得分较低，且与其他指标差距明显。从整个社会资本指标的量化情况来看，基本符合当前中国农村的实际，整体资本存量较高，部分层面略有差异。

表 5-5 社会资本变量描述统计

项目	最小值	最大值	均值	均值标准误	标准差	方差
SS1	1	5	4.13	0.046	0.866	0.750
SS2	1	5	4.41	0.043	0.809	0.655
SS3	1	5	3.93	0.050	0.934	0.873
SI1	1	5	4.51	0.042	0.781	0.611
SI2	1	5	4.22	0.052	0.974	0.949
SI3	1	5	3.95	0.060	1.120	1.255
ST1	1	5	4.50	0.034	0.636	0.405
ST2	1	5	4.25	0.047	0.874	0.764
ST3	1	5	4.26	0.053	0.993	0.987
SR1	1	5	4.28	0.048	0.902	0.815
SR2	1	5	3.68	0.060	1.128	1.271
SR3	1	5	3.68	0.060	1.119	1.251

5.1.4 阶层地位分布情况

5.1.4.1 客观分层视角

从农村居民的整体客观阶层地位状况(见表5-6)来看,不同视角的客观阶层地位评价均值分别为3.05、3.96与3.22,均接近中等水平,符合研究初衷,没有出现样本选取与阶层地位分类失衡的状况。

表5-6 客观阶层地位状况描述统计

项目	最小值	最大值	均值	均值标准误	标准差	方差
SSO1	1	5	3.05	0.057	1.076	1.158
SSO2	1	9	3.96	0.113	2.112	4.459
SSO3	1	5	3.22	0.054	1.012	1.025

图5-3显示了收入视角下客观阶层地位的分布情况。可以看出,农村居民的阶层地位大体符合正态分布趋势,阶层地位属于中等的农村居民最多,收入处于中下层的农村居民数量亦较高,处于下层与上层的农村居民数量明显低于其他层级。这说明在当下的农村地区,收入处于中等水平的群体占据多数,收入处于底层的群体仍然存在,但总体规模较小。

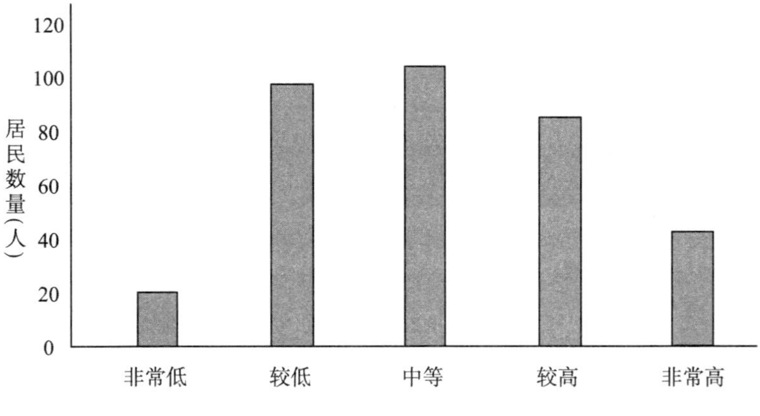

图5-3 收入层面客观阶层地位分布

图5-4显示了职业视角下客观阶层地位的分布情况。可以看出,农村居民的职业阶层分布与收入阶层分布相比,存在较大的差异。从各层级的农村居民数量来看,农村地区中农业劳动者与兼业者(半工半农者)占据了大多数,第二产业劳动者、个体户与曾担任过村干部的农村居民亦占据一定比重,而无业人员数量非常少。职业阶层分布的整体情况验证了农村地区社会流动性的事实,社会转型时期的农村人口大量外流已成常态。

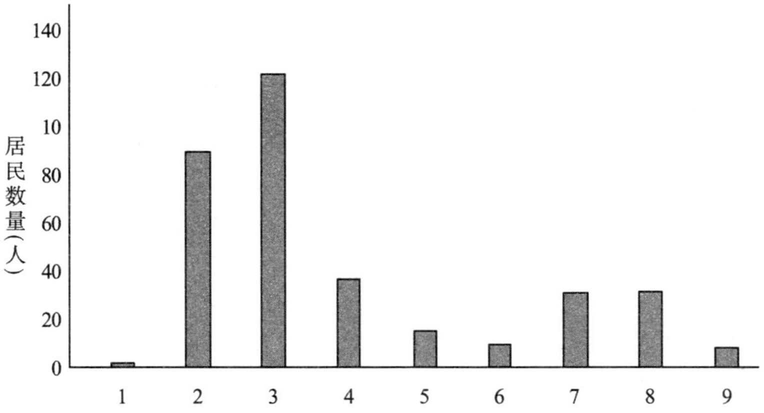

图 5-4 职业层面客观阶层地位分布

注:1～9分别代表无业,农业劳动者,种地、打工两不误(兼业),外出打工者,乡村医生、乡村教师或文化宣传员,在外地从事服务行业人员,个体户,村干部或乡镇工作人员,私营企业主。

图 5-5 显示了教育视角下客观阶层地位的分布情况。可以看出,该维度农村居民的阶层地位亦符合正态分布趋势。根据各阶层地位的规模分布,受教育程度为初中毕业的农村居民数量最多,且明显高于其他层级;受教育程度为小学毕业(包含初中未毕业)与高中毕业的农村居民数量较为接近;受教育程度为大专及以上学历的农村居民也占据了一定比例;而随着基础教育的普及,当下农村地区的文盲数量进一步减少,所占比例在所有层级中最小。

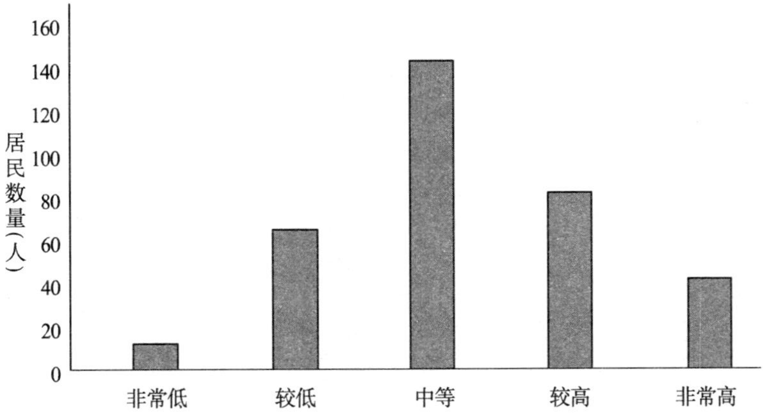

图 5-5 教育层面客观阶层地位分布

5.1.4.2 主观分层视角

从农村居民的整体主观阶层地位认同状况(见表5-7)来看,不同视角的主观阶层地位评价均值分别为3.15与7.59,通过与各自最大值的比较,发现二者分别处于中等水平与较高水平,差异较为明显。具体来看,农村居民对于自身的经济地位认同与客观阶层地位基本吻合;对于社会地位的认同程度较高,说明农村居民普遍认为自身在村庄内部的声望及名誉较高。

表5-7 主观阶层地位状况描述统计

项目	最小值	最大值	均值	均值标准误	标准差	方差
SSS1	1	5	3.15	0.040	0.750	0.563
SSS2	1	10	7.59	0.112	2.105	4.432

图5-6显示了主观经济阶层地位的分布情况。可以看出,该维度农村居民的阶层地位认同存在较大差异:认为自身经济阶层地位处于中等水平的农村居民最多,与其他层级的认同规模差距明显;认为自身经济阶层地位处于较高水平的农村居民亦相对较高;认为自身经济阶层地位为上层和下层的农村居民数量较为接近,整体规模较小。

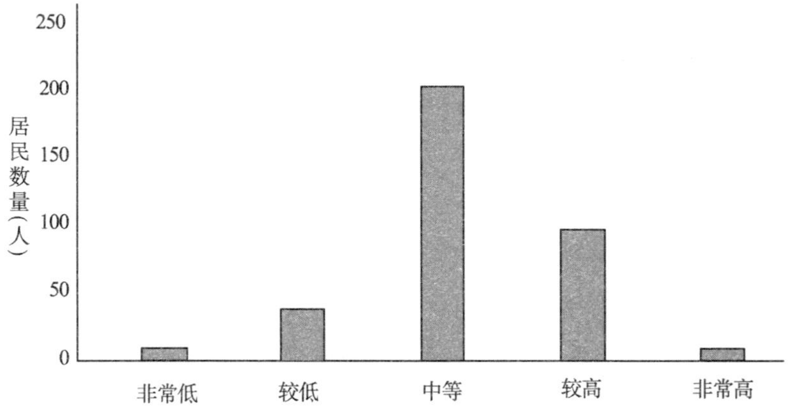

图5-6 主观经济阶层地位认同分布情况

图5-7显示了主观社会阶层地位的分布情况。可以看出,该维度农村居民的阶层地位认同亦存在较大差异,且与主观经济阶层地位的分布情况存在明显差异。具体来看,认为自身社会阶层地位处于较低水平及以下的农村居民数量较少;多数农村居民认为自身的社会地位处于中等水平以上;认为自身社会阶层处于上层的农村居民比重最大;认为自身社会阶层处于中上层的农村居民比

重亦相对较高，说明农村居民普遍认为自身在村庄内部社会阶层地位处于中等水平以上。

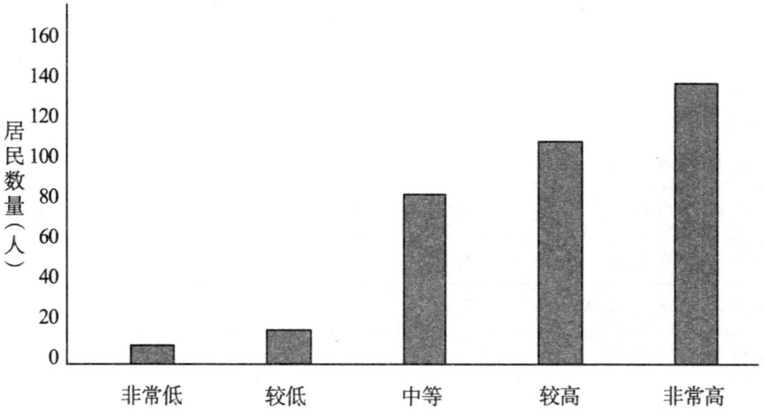

图 5-7 主观社会阶层地位认同分布情况

5.2 农村居民的村民自治参与行为差异分析

基于农村居民的村民自治参与总体情况分析，从性别、年龄、身份等人群特征分析不同群体村民自治参与行为的差异，有助于查明不同人口统计学特征、不同地域特点等对村民自治参与行为的影响，为促进农村居民参与村民自治提供有益参考。因此，本书运用 SPSS17.0 统计软件中的独立样本 T 检验、方差分析等方法对村民自治参与行为的群体差异展开分析。

5.2.1 村民自治参与行为的个体差异

5.2.1.1 村民自治参与行为的性别差异

通过男女群体村民自治参与行为及意愿的独立样本 T 检验（见表 5-8）可以发现，村民自治参与行为及意愿的均值多数不存在统计意义上的显著性差异。具体从村民自治参与行为及意愿的分类检验来看，男性的民主选举参与率要高于女性，且通过了 99％的显著性检验；女性在民主监督参与率及民主监督参与意愿强度两个方面稍高于男性，但未通过 95％的显著性检验。整体来看，除了民主选举参与率存在明显的性别差异外，其他分类的村民自治参与行为和参与意愿均不存在性别差异。

表 5-8　男女群体村民自治参与行为及意愿独立样本 T 检验

因变量	男性均值(*N*=266)	女性均值(*N*=85)	男女差异显著性水平
民主选举参与行为	0.87	0.78	0.000
民主决策参与行为	0.82	0.78	0.091
民主监督参与行为	0.32	0.33	0.647
民主管理参与行为	0.56	0.42	0.487
民主选举参与意愿	4.29	4.14	0.599
民主决策参与意愿	4.15	4.07	0.927
民主监督参与意愿	3.73	3.76	0.531
民主管理参与意愿	3.92	3.73	0.508

5.2.1.2　村民自治参与行为的年龄差异

表 5-9 列出了不同年龄段群体村民自治参与行为及意愿均值比较，可以发现不同年龄阶段的农村居民群体的自治参与率和参与意愿强度差距较小。数据显示，60 岁及以上的农村居民呈现出较高的民主监督参与率，但民主决策参与率较低；18～30 岁的农村居民民主管理参与率相对较低；31～44 岁的农村居民民主决策参与意愿最强。进一步利用单因素方差分析方法，对不同年龄段群体的差异进行检验，具体结果如表 5-10 所示。数据显示，年龄在一定程度上会对农村居民的村民自治参与行为产生影响，但对自治参与意愿的影响不显著。具体来看，民主决策参与行为方面，18～30 岁的农村居民参与率要明显高于 60 岁及以上的农村居民；31～44 岁的农村居民参与率亦明显高于 60 岁及以上的农村居民。这说明农村地区老年人对于参加会议、建言献策表现得比较消极。民主管理参与行为方面，18～30 岁的农村居民参与率明显低于 45～59 岁和 60 岁及以上两个群体。18～30 岁的农村居民多数为新生代农民工，对于村庄的归属感不足，向往城市，在参与村庄日常事务管理过程中表现消极。

表 5-9　不同年龄段群体村民自治参与行为及意愿均值比较

测量项	18～30 岁(*N*=44)	31～44 岁(*N*=93)	45～59 岁(*N*=168)	60 岁及以上(*N*=46)
民主选举参与行为	0.84	0.85	0.85	0.85
民主决策参与行为	0.89	0.87	0.78	0.72
民主监督参与行为	0.30	0.32	0.28	0.48

续表

测量项	18～30岁（N=44）	31～44岁（N=93）	45～59岁（N=168）	60岁及以上（N=46）
民主管理参与行为	0.34	0.52	0.57	0.57
民主选举参与意愿	4.18	4.30	4.27	4.15
民主决策参与意愿	4.25	4.24	4.10	3.89
民主监督参与意愿	3.61	3.83	3.68	3.85
民主管理参与意愿	3.66	4.05	3.86	3.78

表 5-10 不同年龄段群体的差异检验

测量项	P1	P2	P3	P4	P5	P6
民主选举参与行为	0.898	0.944	0.928	0.928	0.980	0.966
民主决策参与行为	0.830	0.108	0.041	0.072	0.030	0.338
民主监督参与行为	0.750	0.842	0.063	0.476	0.064	0.011
民主管理参与行为	0.055	0.008	0.033	0.443	0.584	0.998
民主选举参与意愿	0.533	0.627	0.893	0.806	0.430	0.506
民主决策参与意愿	0.940	0.370	0.083	0.286	0.051	0.199
民主监督参与意愿	0.198	0.645	0.222	0.222	0.903	0.280
民主管理参与意愿	0.051	0.276	0.596	0.182	0.174	0.661

注：P1～P6分别是变量在年龄段间差异的显著性水平：P1(18～30岁与31～44岁)；P2(18～30岁与45～59岁)；P3(18～30岁与60岁及以上)；P4(31～44岁与45～59岁)；P5(31～44岁与60岁及以上)；P6(45～59岁与60岁及以上)。

5.2.1.3 村干部任职经历对村民自治参与行为的影响

通过是否曾担任村干部群体村民自治参与行为及意愿的独立样本T检验(见表5-11)可以发现，村民自治参与行为及意愿的均值多数存在统计意义上的显著性差异。具体从村民自治参与行为及意愿的分类检验来看，村干部任职经历会对村民自治参与产生影响，且均通过了99%的显著性检验；村干部任职经历亦会对民主管理参与意愿产生影响，且通过了95%的显著性检验。数据显示，曾经担任过村干部的农村居民在各类村民自治参与行为的参与率均显著高于未担任过村干部群体，且民主管理参与意愿强度更高。其中两组群体民主监督参与率与民主管理参与率的均值差异较大。这说明村干部任职经历会对农村居民村民自治参与产生显著影响，且对民主监督参与行为和民主管理参与行为的影响较大。在乡村治理的框架下，从村干部的职责发挥角度来看，村干部是村民选举出的民主自治的管理者，其日常工作主要围绕村民自治事务展开，因此，具有村干部任职经历的群体对村民自治的认知水平、参与经验及参与意识均要明显高于普通农村居民，其参与村民自治的积极性亦相对较高。

表 5-11　村干部任职与否对村民自治参与行为及意愿影响的独立样本 T 检验

因变量	未担任过村干部均值(N=245)	担任过村干部均值(N=106)	组间差异显著性水平
民主选举参与行为	0.82	0.91	0.000
民主决策参与行为	0.78	0.87	0.000
民主监督参与行为	0.26	0.46	0.000
民主管理参与行为	0.47	0.64	0.000
民主选举参与意愿	4.19	4.40	0.315
民主决策参与意愿	4.05	4.30	0.258
民主监督参与意愿	3.64	3.96	0.129
民主管理参与意愿	3.77	4.11	0.019

5.2.1.4　不同收入来源群体村民自治参与行为的差异

表 5-12 列出了不同收入来源群体村民自治参与行为及意愿均值比较。可以看出，主要收入来源为商业经营的农村居民，其民主选举、民主决策及民主管理三类村民自治参与行为参与率及参与意愿强度均值最高；主要收入来源为单位工资的农村居民，其民主监督参与行为参与率及参与强度最高；主要收入来源为农业经营和外出务工的农村居民，其民主监督参与程度较低。进一步利用单因素方差分析方法，对不同收入来源群体的差异进行检验，具体结果如表 5-13 所示。数据显示，在多数情况下，收入来源差异不会对农村居民的村民自治参与行为及意愿产生影响。具体来看，收入来源差异对民主选举参与行为及意愿、民主决策参与行为及意愿不会产生影响。民主监督参与行为及意愿方面，收入来源为单位工资或个体户经营的群体参与率及参与意愿均要明显高于农业经营为主要收入来源的群体；外出务工为主要收入来源的群体相比较单位工资为主要收入来源的群体，具有较高的参与意愿，但参与率偏低；个体户经营的农村居民参与程度明显优于外出务工群体。这在一定程度上印证了外出务工群体的民主监督参与情况较低很大程度上源自时间及地域的影响。民主管理参与行为及意愿方面，外出务工的农村居民参与率明显低于农业经营的群体；商业经营的农村居民比外出务工及个体经营群体表现出更高的参与意愿。这说明在村民自治的实践过程中，居住地点及经济能力会影响农村居民的民主管理参与。

表 5-12 不同收入来源群体村民自治参与行为及意愿均值比较

测量项	主要收入来源类别				
	农业经营（N=130）	外出务工（N=163）	单位工资（N=12）	个体户经营（N=37）	商业经营（N=9）
民主选举参与行为	0.86	0.82	0.83	0.86	1.00
民主决策参与行为	0.83	0.78	0.67	0.86	1.00
民主监督参与行为	0.30	0.25	0.75	0.49	0.56
民主管理参与行为	0.62	0.45	0.58	0.46	0.78
民主选举参与意愿	4.29	4.23	4.00	4.19	4.56
民主决策参与意愿	4.08	4.10	3.83	4.41	4.56
民主监督参与意愿	3.58	3.75	4.42	3.92	4.00
民主管理参与意愿	3.98	3.79	4.00	3.73	4.56

表 5-13 不同收入来源群体的差异检验

测量项	P1	P2	P3	P4	P5	P6	P7	P8	P9	P10
民主选举参与行为	0.355	0.796	0.961	0.268	0.917	0.517	0.152	0.793	0.297	0.316
民主决策参与行为	0.264	0.167	0.641	0.212	0.339	0.231	0.101	0.129	0.055	0.355
民主监督参与行为	0.366	0.001	0.029	0.104	0.000	0.005	0.052	0.082	0.333	0.683
民主管理参与行为	0.004	0.830	0.092	0.342	0.361	0.898	0.052	0.452	0.374	0.084
民主选举参与意愿	0.630	0.355	0.597	0.465	0.456	0.818	0.368	0.586	0.229	0.346
民主决策参与意愿	0.812	0.410	0.072	0.157	0.355	0.092	0.179	0.079	0.095	0.680
民主监督参与意愿	0.121	0.002	0.046	0.180	0.013	0.297	0.413	0.095	0.292	0.808
民主管理参与意愿	0.140	0.945	0.229	0.128	0.515	0.782	0.042	0.461	0.254	0.044

注：P1～P10 分别是变量在收入来源类别上差异的显著性水平：P1（农业经营与外出务工）；P2（农业经营与单位工资）；P3（农业经营与个体户经营）；P4（农业经营与经商）；P5（外出务工与单位工资）；P6（外出务工与个体户经营）；P7（外出务工与经商）；P8（单位工资与个体户经营）；P9（单位工资与经商）；P10（个体户经营与经商）。

5.2.2 村庄特征视角下的村民自治参与行为差异

5.2.2.1 村财规模视角下的村民自治参与行为差异

根据村民自治参与行为及意向的村财规模间差异检验（见表 5-14），结合表 5-15列出的均值比较，可以看出村庄财政收入的规模不会对民主选举参与行为、民主决策参与行为及意愿、民主监督参与行为及意愿产生影响。民主选举参与意愿方面，村财规模为中等的农村居民参与意愿最高，其次是村财规模很高、村财规模较少、村财规模很少、村财规模较多，村财规模与民主选举参与意愿并非简单的线性相关关系。民主管理参与行为及意愿方面，民主管理参与行为在村财规模上的变动趋势与民主管理参与意愿大体一致。具体为村财规模很少的农村居民对于民主管理的参与程度及积极性最高，村财规模很多的农村居民对于民主管理的参与程度及积极性最低，其余群体居于中间阶段。由于本书样本在村财规模很多的分布较少，研究结果可能存在偏差。从村财规模处于前四个层级的农村居民参与民主管理情况来看，村财规模与农村居民参与民主管理呈现"U"形相关关系，即随着村财规模的增加，农村居民的民主管理参与程度先降后升。村财规模体现了村集体的经济实力，其会在一定程度上对农村居民的民主管理参与行为产生影响。

表 5-14　村民自治参与行为及意向的村财规模间差异检验

因变量	类别	变差平方和	自由度 df	均方	F	Sig.
民主选举参与行为	组间	0.409	4	0.102	0.781	0.538
民主决策参与行为	组间	1.034	4	0.258	1.682	0.154
民主监督参与行为	组间	1.050	4	0.262	1.207	0.308
民主管理参与行为	组间	2.394	4	0.598	2.432	0.047
民主选举参与意愿	组间	10.244	4	2.561	2.397	0.050
民主决策参与意愿	组间	0.716	4	0.179	0.184	0.947
民主监督参与意愿	组间	3.270	4	0.818	0.992	0.412
民主管理参与意愿	组间	12.747	4	3.187	2.657	0.033

表 5-15　村民自治参与行为及意向的村财规模组间均值比较

测量项	村财规模				
	很少（N=99）	较少（N=120）	中等（N=109）	较多（N=20）	很多（N=3）
民主选举参与行为	0.88	0.85	0.83	0.75	1.00
民主决策参与行为	0.88	0.82	0.76	0.70	0.67
民主监督参与行为	0.31	0.28	0.38	0.25	0.67
民主管理参与行为	0.61	0.44	0.55	0.55	0.00
民主选举参与意愿	4.23	4.26	4.38	3.60	4.33
民主决策参与意愿	4.14	4.10	4.17	4.00	4.33
民主监督参与意愿	3.68	3.67	3.84	3.75	4.33
民主管理参与意愿	4.07	3.68	3.98	3.65	3.00

5.2.2.2　村庄规模视角下的村民自治参与行为差异

根据村民自治参与行为及意愿的村庄规模间差异检验（见表 5-16），结合表 5-17 列出的均值比较，可以看出村庄规模会对民主选举参与行为、民主决策参与意愿、民主监督参与行为及意愿、民主管理参与行为及意愿产生一定程度的影响。民主选举参与行为方面，村庄规模处于 500 人以下的农村居民参与率明显高于规模处于(1200,2000]区间的群体；民主决策参与意愿方面，村庄人口规模处于(1200,2000]区间的农村居民参与积极性明显低于规模处于 500 人以下、(500,800]及(1200,2000]区间的群体。民主监督参与行为及意愿方面，村庄规模处于 500 人以下的农村居民参与率明显高于(500,800]区间及 2000 人以上的群体；村庄规模(1200,2000]区间的农村居民参与率明显高于 2000 人以上的群体；村庄规模处于 500 人以下的农村居民参与意愿明显强于(500,1200]区间的群体；村庄规模处于(500,800]、(800,1200]区间的农村居民参与意愿明显低于(1200,2000]区间及 2000 人以上的群体。民主管理参与行为及意愿方面，村庄规模处于 500 人以下的农村居民参与率要明显低于(800,2000]区间的群体；村庄规模处于(1200,2000]区间的农村居民参与率要明显高于(500,800]区间及 2000 人以上的群体；村庄规模处于(1200,2000]区间的农村居民参与意愿明显强于(500,2000]区间及 2000 人以上的群体。总体来看，小规模村庄的农村居民民主选举参与率要明显高于较高规模的村庄，当村庄规模处于 2000 人以上时，其内部农村居民的民主监督参与程度很低，村庄规模较小或过大均不利于农村居民的民主管理参与。在村民自治的过程中，小规模村庄的民主选举动员工作相对容易，因而整体参与情况较好；大规模村庄的村庄事务相对复杂，加大了民主监督的难度；民主管理参与需要农村居民付出一定的时间、经济成本，同等条件下，小规模村庄的村庄管理事务平摊到其内部成员的成本相对较高，限制了农村居民的参与积极性，大规模村庄的管理参与动员难度大、作用小，整体的参与程度较低。

表 5-16　不同村庄规模段群体的差异检验

测量项	P1	P2	P3	P4	P5	P6	P7	P8	P9	P10
民主选举参与行为	0.617	0.532	0.044	0.138	0.934	0.134	0.290	0.124	0.295	0.855
民主决策参与行为	0.406	0.298	0.742	0.472	0.054	0.239	0.988	0.475	0.107	0.314
民主监督参与行为	0.050	0.174	0.875	0.037	0.447	0.064	0.668	0.219	0.279	0.046
民主管理参与行为	0.802	0.047	0.006	0.902	0.087	0.013	0.738	0.348	0.077	0.015

续表

测量项	P1	P2	P3	P4	P5	P6	P7	P8	P9	P10
民主选举参与意愿	0.500	0.916	0.110	0.805	0.535	0.366	0.415	0.106	0.729	0.112
民主决策参与意愿	0.945	0.010	0.657	0.327	0.012	0.608	0.358	0.002	0.267	0.171
民主监督参与意愿	0.009	0.009	0.554	0.920	0.822	0.001	0.034	0.001	0.040	0.550
民主管理参与意愿	0.892	0.560	0.007	0.715	0.664	0.011	0.802	0.021	0.923	0.059

注:P1～P10分别是变量在村庄人口规模类别上差异的显著性水平:P1(500人及以下与501～800人);P2(500人及以下与801～1200人);P3(500人及以下与1201～2000人);P4(500人及以下与2000人以上);P5(501～800人与801～1200人);P6(501～800人与1201～2000人);P7(501～800人与2000人以上);P8(801～1200人与1201～2000人);P9(801～1200人与2000人以上);P10(1201～2000人与2000人以上)。

表5-17 村民自治参与行为及意向的村庄规模组间均值比较

测量项	村庄规模				
	500人及以下(N=67)	501～800人(N=66)	801～1200人(N=92)	1201～2000人(N=74)	2000人以上(N=37)
民主选举参与行为	0.90	0.86	0.86	0.77	0.78
民主决策参与行为	0.81	0.86	0.74	0.78	0.86
民主监督参与行为	0.42	0.26	0.32	0.41	0.22
民主管理参与行为	0.42	0.44	0.58	0.65	0.41
民主选举参与意愿	4.13	4.26	4.15	4.42	4.08
民主决策参与意愿	4.22	4.21	3.82	4.30	4.03
民主监督参与意愿	3.91	3.50	3.53	4.00	3.89
民主管理参与意愿	3.70	3.73	3.80	4.20	3.78

5.2.3 阶层地位视角下的村民自治参与行为差异

5.2.3.1 教育分层视角下的村民自治参与行为差异

从表5-18的单因素方差分析结果可见,除民主选举参与行为,村民自治参与行为及意愿在受教育程度上存在明显的差异,均通过了95%的显著性检验。这与过往关于村民自治参与行为相关的研究结论相一致,即认为村民自治参与行为存在明显的受教育水平分化。进一步分析表5-19中村民自治参与行为及意愿的受教育程度组间均值差异发现，受教育程度与村民自治参与行为及意愿大体呈现线性相关关系，即伴随着受教育程度的增加，村民自治参与行为参与率及参与积极性会相应提升。数据显示，大专及以上学历的农村居民在村民自治参与行为及意愿的表现与整体趋势略有差异，其在民主决策参与行为参与率及积极性、民主管理参与行为参与率及积极性层面较高中学历的群体略有下降。这说明一定的教育背景及学识有助于激发农村居民参与村民自治的热情，并在具体的村民自治参与中做出行动。

表 5-18 村民自治参与行为及意向的受教育程度差异检验

因变量	类别	变差平方和	自由度 df	均方	F	Sig.
民主选举参与行为	组间	1.224	4	0.306	2.380	0.051
民主决策参与行为	组间	1.767	4	0.442	2.914	0.022
民主监督参与行为	组间	5.191	4	1.298	6.318	0.000
民主管理参与行为	组间	6.552	4	1.638	6.998	0.000
民主选举参与意愿	组间	17.620	4	4.405	4.207	0.002
民主决策参与意愿	组间	28.615	4	7.154	8.020	0.000
民主监督参与意愿	组间	13.502	4	3.376	4.249	0.002
民主管理参与意愿	组间	27.904	4	6.976	6.037	0.000

表 5-19 村民自治参与行为及意愿的受教育程度组间均值比较

测量项	受教育程度				
	文盲（N=12）	初中以下（N=67）	初中（N=145）	高中（N=84）	大专及以上（N=43）
民主选举参与行为	0.67	0.78	0.89	0.88	0.79
民主决策参与行为	0.67	0.69	0.83	0.88	0.84
民主监督参与行为	0.08	0.16	0.28	0.45	0.49
民主管理参与行为	0.17	0.37	0.52	0.73	0.49
民主选举参与意愿	3.67	3.93	4.26	4.50	4.42
民主决策参与意愿	3.42	3.66	4.21	4.39	4.26

续表

测量项	受教育程度				
	文盲（N＝12）	初中以下（N＝67）	初中（N＝145）	高中（N＝84）	大专及以上（N＝43）
民主监督参与意愿	3.17	3.49	3.71	3.94	3.95
民主管理参与意愿	3.08	3.49	3.91	4.23	3.91

5.2.3.2　职业分层视角下的村民自治参与行为差异

从表5-20的单因素方差分析结果可见，除民主选举参与意愿、民主决策参与意愿，均通过了95％的显著性检验，说明村民自治参与行为及意愿存在明显的职业层级分化。进一步分析表5-21中村民自治参与行为及意愿的职业分类组间均值差异发现，职业层级与村民自治参与行为及意愿并非简单的线性相关关系。数据显示，伴随着职业层级的提升，各种类别的村民自治参与行为及意愿变动趋势略有差异。具体来看，除无业人员，乡村医生、乡村教师或文化宣传员，在外地从事服务行业人员以及私营企业主的民主选举参与率较低；乡村医生、乡村教师或文化宣传员的民主决策参与水平远低于其他群体；村干部的民主监督和民主管理参与水平明显高于其他群体；全职打工群体的民主监督和民主管理参与意愿强度在所有群体中最低。这在一定程度上证实了农村社会的流动性限制了农村居民的村民自治参与。大量农村居民外流削弱了村民自治的主体力量，直接导致农村居民在村民自治中参与不足，进而致使村庄内部的各项公共活动无法有效开展。

表5-20　村民自治参与行为及意向的职业类别差异检验

因变量	类别	变差平方和	自由度 df	均方	F	Sig.
民主选举参与行为	组间	2.348	8	0.293	2.316	0.020
民主决策参与行为	组间	4.805	8	0.601	4.158	0.000
民主监督参与行为	组间	6.240	8	0.780	3.810	0.000
民主管理参与行为	组间	8.134	8	1.107	4.379	0.000
民主选举参与意愿	组间	12.444	8	1.556	1.448	0.176
民主决策参与意愿	组间	11.957	8	1.495	1.571	0.132
民主监督参与意愿	组间	23.272	8	2.909	3.753	0.000
民主管理参与意愿	组间	35.862	8	4.483	3.912	0.000

表 5-21　村民自治参与行为及意愿的职业分类组间均值比较

测量项	职业分类								
	无业(N=2)	农业劳动者(N=91)	种地兼打工(N=124)	全职打工(N=37)	乡村医生、乡村教师或文化宣传员(N=15)	在外地从事服务行业人员(N=10)	个体户(N=32)	村干部(N=32)	私营企业主(N=8)
民主选举参与行为	0.00	0.87	0.86	0.86	0.67	0.70	0.88	0.88	0.75
民主决策参与行为	0.50	0.81	0.84	0.65	0.40	0.90	0.94	0.88	1.00
民主监督参与行为	0.50	0.23	0.27	0.19	0.40	0.50	0.50	0.63	0.38
民主管理参与行为	0.50	0.53	0.56	0.14	0.47	0.50	0.59	0.78	0.50
民主选举参与意愿	3.00	4.32	4.20	4.03	4.27	4.10	4.31	4.66	3.88
民主决策参与意愿	3.50	4.16	4.10	3.86	3.73	3.90	4.38	4.44	4.38
民主监督参与意愿	4.00	3.56	3.66	3.49	4.07	4.00	3.88	4.41	3.75
民主管理参与意愿	3.50	3.85	3.90	3.16	3.93	3.70	4.06	4.56	3.88

5.2.3.3　收入分层视角下的村民自治参与行为差异

从表 5-22 的单因素方差分析结果可见，只有民主监督参与行为及意愿在收入层级上存在明显的差异，均通过了 95% 的显著性检验，说明村民自治中的民主监督参与行为及意愿存在明显的收入水平分化。进一步分析表 5-23 中民主监督参与行为及意愿的收入水平组间均值差异发现，农村居民的民主监督参与行为及意愿在收入水平上的变动趋势大体一致。伴随着收入水平的提升，村民自治中民主监督参与行为参与率及参与积极性会相应提升。当收入水平达到上层阶段时，民主监督参与行为参与率及参与积极性会略微降低。数据显示，在农村地区，收入水平处于中等偏上的农村居民对于民主监督的参与程度较高，其他群体的参与情况普遍较低。当收入水平较低时，农村居民会将如何发家致富作为头等大事，无心关注村庄治理，村民自治组织随即失去向心力和凝聚力，陷入瘫痪。因此，提高农村居民的收入水平，对于促进农村居民的村民自治参与具有一定的作用。

表 5-22　村民自治参与行为及意向的收入水平间差异检验

因变量	类别	变差平方和	自由度 df	均方	F	Sig.
民主选举参与行为	组间	0.663	4	0.166	1.273	0.280
民主决策参与行为	组间	0.783	4	0.196	1.268	0.282
民主监督参与行为	组间	3.051	4	0.763	3.605	0.007
民主管理参与行为	组间	0.933	4	0.233	0.932	0.445
民主选举参与意愿	组间	8.089	4	2.022	1.882	0.113
民主决策参与意愿	组间	5.184	4	1.296	1.350	0.251
民主监督参与意愿	组间	9.949	4	2.487	3.091	0.016
民主管理参与意愿	组间	4.084	4	1.021	0.834	0.504

表 5-23　村民自治参与行为及意愿的收入水平组间均值比较

测量项	收入水平				
	1 万元以下（N=26）	1 万～2.5 万元（N=80）	2.5 万～5 万元（N=134）	5 万～8 万元（N=74）	8 万元以上（N=37）
民主选举参与行为	0.73	0.85	0.83	0.91	0.86
民主决策参与行为	0.73	0.85	0.77	0.82	0.89
民主监督参与行为	0.23	0.21	0.30	0.47	0.38
民主管理参与行为	0.54	0.56	0.54	0.53	0.38
民主选举参与意愿	4.35	4.34	4.06	4.39	4.41
民主决策参与意愿	3.88	4.19	4.04	4.20	4.35
民主监督参与意愿	3.46	3.63	3.66	4.01	3.86
民主管理参与意愿	3.69	4.05	3.82	3.91	3.78

5.2.3.4　主观社会分层视角下的村民自治参与行为差异

从表 5-24 的单因素方差分析结果可见，除民主管理参与行为，村民自治参与行为及意愿在主观社会认同层级上存在明显的差异，均通过了 95%的显著性检验，说明自身社会地位认同情况会影响农村居民的村民自治参与行为及意愿。根据表 5-25 进一步分析村民自治参与行为及意愿的主观社会地位组间均值差异发现，主观社会地位层级与村民自治参与行为及意愿大体呈现正向相关关系，即随着主观社会地位层级的上升，村民自治参与行为参与率及参与积极性会相应提升。这在一定程度说明当农村居民感受到自身在村庄内部的声望、名誉、能力较高时，会激发其参与村民自治的积极性。

表 5-24 村民自治参与行为及意向的主观社会地位间差异检验

因变量	类别	变差平方和	自由度 df	均方	F	Sig.
民主选举参与行为	组间	3.211	4	0.803	6.539	0.000
民主决策参与行为	组间	6.920	4	1.730	12.658	0.000
民主监督参与行为	组间	10.286	4	2.572	13.486	0.000
民主管理参与行为	组间	1.877	4	0.469	1.895	0.111
民主选举参与意愿	组间	27.522	4	6.880	6.755	0.000
民主决策参与意愿	组间	56.686	4	14.171	17.478	0.000
民主监督参与意愿	组间	36.934	4	9.234	12.707	0.000
民主管理参与意愿	组间	17.002	4	4.251	3.581	0.007

表 5-25 村民自治参与行为及意愿的主观社会地位组间均值比较

测量项	主观社会地位认同				
	非常低 (N=9)	较低 (N=16)	中等 (N=83)	较高 (N=108)	非常高 (N=135)
民主选举参与行为	0.67	0.69	0.71	0.90	0.92
民主决策参与行为	0.67	0.50	0.61	0.90	0.90
民主监督参与行为	0.00	0.06	0.17	0.24	0.53
民主管理参与行为	0.56	0.31	0.43	0.57	0.56
民主选举参与意愿	4.00	3.88	3.84	4.29	4.53
民主决策参与意愿	3.44	3.63	3.52	4.36	4.42
民主监督参与意愿	2.56	3.44	3.41	3.72	4.06
民主管理参与意愿	3.44	3.63	3.55	3.96	4.07

5.2.3.5 主观经济分层视角下的村民自治参与行为差异

从表 5-26 的单因素方差分析结果可见，除民主管理参与行为，村民自治参与行为及意愿在主观经济认同层级上存在明显的差异，均通过了 95%的显著性检验，说明自身经济地位认同情况会影响农村居民的村民自治参与行为及意愿。根据表 5-27 进一步分析村民自治参与行为及意愿的主观经济地位组间均值差异发现，主观经济地位层级与村民自治参与行为及意愿大体呈现正向相关关系，即随着主观经济地位层级的上升，村民自治参与行为参与率及参与积极性会相应提升。主观经济地位层级对村民自治参与行为及意愿的影响趋势与主观社会地位层级相吻合，同样说明当农村居民对自己经济实力的自信时会带动其参与村民自治。

表 5-26　村民自治参与行为及意向的主观经济地位间差异检验

因变量	类别	变差平方和	自由度 df	均方	F	Sig.
民主选举参与行为	组间	2.054	4	0.514	4.072	0.003
民主决策参与行为	组间	2.728	4	0.682	4.583	0.001
民主监督参与行为	组间	6.651	4	1.663	8.265	0.000
民主管理参与行为	组间	2.344	4	0.586	2.380	0.051
民主选举参与意愿	组间	18.842	4	4.711	4.514	0.001
民主决策参与意愿	组间	18.562	4	4.641	5.039	0.001
民主监督参与意愿	组间	16.580	4	4.145	5.277	0.000
民主管理参与意愿	组间	19.261	4	4.815	4.079	0.003

表 5-27　村民自治参与行为及意愿的主观经济地位组间均值比较

测量项	主观社会地位认同				
	非常低（N=10）	较低（N=38）	中等（N=200）	较高（N=95）	非常高（N=8）
民主选举参与行为	0.60	0.68	0.86	0.89	1.00
民主决策参与行为	0.60	0.61	0.82	0.87	1.00
民主监督参与行为	0.00	0.26	0.25	0.49	0.75
民主管理参与行为	0.20	0.50	0.50	0.63	0.50
民主选举参与意愿	3.90	3.84	4.20	4.51	5.00
民主决策参与意愿	3.50	3.74	4.10	4.37	4.75
民主监督参与意愿	3.00	3.61	3.65	4.03	4.00
民主管理参与意愿	2.70	3.74	3.87	4.09	3.75

5.3 小 结

采用描述性统计方法对农村居民的村民自治参与现状进行分析，发现在村民自治过程中，按照参与意愿强度由高到低进行排序依次为民主选举(4.25)、民主决策(4.13)、民主管理(3.88)、民主监督(3.74)，村民自治的参与意愿整体处于一般水平之上；民主选举(84.62%)与民主决策(80.91%)的参与率较高，均超过了80%，民主管理(52.42%)与民主监督(31.91%)的参与率较低，其中民主监督的参与率不足1/3；农村居民对村民自治的总体认知水平、行为态度得分、知觉行为控制水平以及主观规范水平均处于及格水平线以上，整体的社会资本水平较高；除客观维度的职业阶层地位分布以外，农村居民其他层面的阶层地位分布均符合正态分布。

通过统计分析方法对农村居民村民自治参与行为进行群体间差异分析，可以得出以下结论：

个体特征方面，男性在民主选举过程中的参与程度更高；年龄处于18～44岁的农村居民比老年人群体具有更高的民主决策参与率，18～30岁的农村居民比45岁以上群体的民主管理参与程度低；具有村干部任职经历的农村居民在各维度的村民自治参与中均呈现出更高的参与程度；外出的农村居民在民主监督和民主管理参与上均呈现出较低的参与情况。

村庄特征方面，随着村财规模的增加，农村居民的民主管理参与率先降低再上升，然后出现大幅下降；小规模村庄的农村居民民主选举参与率要明显高于较高规模的村庄，当村庄规模处于2000人以上时，其内部农村居民的民主监督参与程度很低，村庄规模较小或过大均不利于农村居民的民主管理参与。

阶层地位方面，除大专及以上学历的农村居民外，农村居民的教育阶层地位越高，其民主决策、民主监督、民主管理的参与程度越高；农村居民的职业阶层地位较高时，其各维度的村民自治参与程度均较高；随着收入阶层地位的提升，农村居民的民主监督参与程度随之升高，阶层地位到达顶层时，参与率会出现下滑；主观社会阶层地位、主观经济阶层地位均与民主选举参与行为、民主决策参与行为以及民主监督参与行为大体呈现正向相关关系。

6 农村居民参与村民自治的行为影响因素分析

在前文对既有文献与相关理论总结的基础上，通过构建的理论研究框架与具体的研究假设，本书认为在行为态度、主观规范、知觉行为控制等心理认知变量的作用下，农村居民的村民自治参与意愿直接影响到村民自治参与行为。与此同时，心理认知变量又会受到诸多背景因素的影响。理论分析与实证检验表明，村民自治参与意愿和行为之间并非单一的直接影响关系，诸多文献资料研究也证实参与意愿转化为行为的过程会受到多方面因素的影响，而阶层地位就是其中的重要因素之一。本部分将依据理论研究框架及思路，结合上一部分所描述的村民自治参与行为特征规律，深入挖掘农村居民自治行为形成的影响机理，并进一步探讨阶层地位对村民自治参与意愿—行为关系的调节作用。

6.1 心理认知因素对村民自治参与行为的影响分析

6.1.1 分析方法选取与模型构建

本书研究的村民自治参与行为态度、主观规范、知觉行为控制以及社会资本具有难以直接量化和容易出现主观测量误差的基本特征。作为众多数据分析工具中的一员，结构方程模型(Structural Equation Modeling，SEM)是可以克服潜变量难以直接测量的难题，且可以估计出测量变量的观测误差。基于此，本书应用SEM进行影响村民自治参与行为主要因素的分析。SEM一般用线性方程系统表示，分为测量模型和结构模型两部分。测量模型反映潜在变量与其观测指标之间的共变效果，潜在变量的量化通过测量模型得以实现；结构模型表示潜变量或观测变量与潜在变量之间的连接关系。测量模型和结构模型的矩阵方程及其代表的含义如下：

测量模型：$X=\Lambda_X\xi+\delta$

$Y=\Lambda_X\eta+\varepsilon$

结构模型：$\eta=B_\eta\xi+\Gamma\xi+\zeta$

其中，ξ 和 η 分别为外衍潜在变量和内衍潜在变量，X 为 ξ 观测变量，Y 为 η 观测变量，Λ_X 为联结 X 变量与 ζ 变量的系数，Λ_Y 为联结变量 Y 与变量 η 的系数，δ 和 ε 分别为 X 变量和 Y 变量的误差，B 为 η 变量的回归系数，Γ 为对变量 ζ 影响的回归系数，ζ 为 η 的误差。

前文已经分析了心理认知变量(行为态度、主观规范、知觉行为控制)、自治认知、社会资本、阶层地位、自治意愿对村民自治参与行为(民主选举、民主决策、民主监督、民主管理)的影响。依据具体的影响机理模型及研究假设，对村民自治参与行为的结构模型路径图进行设计，如图 6-1 所示。根据社会资本的维度分类(社会交往、社会信任、社会互惠、社会规范)，利用熵值法计算各维度的具体得分，形成社会资本的四个观测变量。由于对村民自治参与行为及意愿进行的是分类研究，每个潜变量只有一个观测变量，故用较大方框表示。较大的椭圆与方框表示上述 7 个潜变量，较小的圆形表示测量误差。测量误差不能直接观测到，用 $e_1\sim e_{25}$ 表示各观测变量的测量误差，$e_{26}\sim e_{31}$ 表示潜在变量的测量误差，规定每一测量误差的回归系数均为 1。

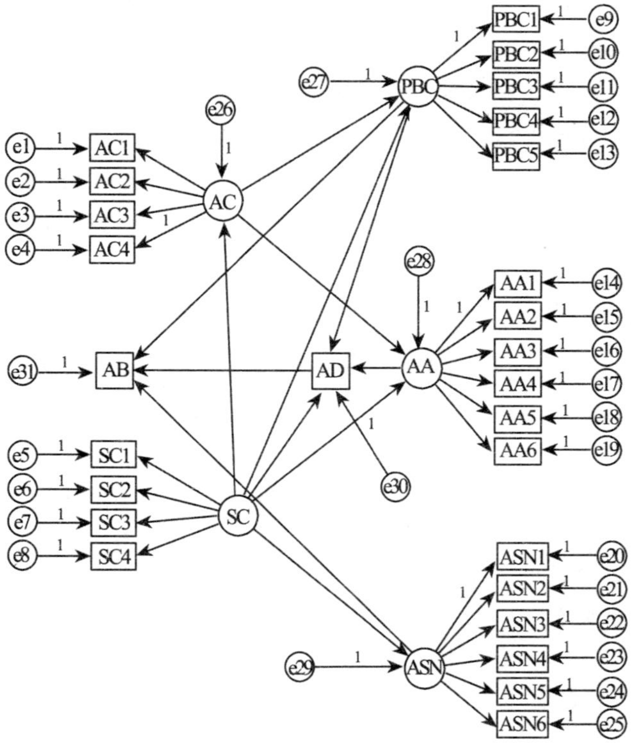

图 6-1 村民自治参与行为结构方程模型路径

6.1.2 心理认知因素对民主选举参与行为的影响分析

6.1.2.1 模型拟合指数检验

根据第四部分信效度检验对量表设计质量的分析，从各变量的问项—总体相关系数(CITC)及内部一致性系数结果可以得出结论，村民自治参与行为、村民自治态度、村民自治认知、行为态度、主观规范、知觉行为控制以及社会资本等七个潜变量的所有测量变量内部一致性信度良好。具体的 KMO 样本测度检验和 Bartlett's 球体检验结果也反映出测量工具具有较好的结构效度。基于此，进一步利用结构方程模型对调研数据进行验证性因素分析(Confirmatory Factor Analysis, CFA)，测量指标变量的因素负荷量、信度系数、组合信度及平均变异抽取量，整理后如表 6-1 所示。因素负荷量的数值可以表示观测变量在各潜在变量中的相对重要性。从结果可以看出，除 SC3，所有观测变量的标准化因素负荷量满足大于 0.5、小于 1 的评价标准，且 SC3 的因素负荷量为0.478，较为接近 0.5，表示基本适配指标理想，指标变量能有效反映潜变量的构念特质。信度系数为因素负荷量值的平方，如表 6-1 所示，除 SC1 与 SC3，所有观测变量的信度系数均大于 0.5 的评价标准。在结构方程模型的分析中，组合信度可作为检验潜在变量的信度指标，潜在变量的组合信度是判别变量测量模型内在质量的重要判别准则。数据显示，组合信度值均符合大于0.6的评价标准，表明测量模型的内在质量良好。潜变量的平均方差抽取量可以判别测量指标对潜变量的解释程度，除社会资本为 0.420，其他潜变量的平均方差抽取量都大于 0.5 的评价标准，表明测量指标基本能有效反映其共同因素构念的潜在特质。整体来看，民主选举参与行为模型中的测量模型质量尚算理想，可以继续进行结构模型的验证与分析。

表 6-1 民主选举参与行为模型验证性因素分析结果

变量	题项数	测量项	标准化因子负荷量	信度系数	测量误差	组合信度	平均变异量抽取值
社会资本	4	SC1	0.626	0.392#	0.608	0.738	0.420
		SC2	0.709	0.503	0.497		
		SC3	0.478#	0.228#	0.772		
		SC4	0.746	0.557	0.443		

续表

变量	题项数	测量项	标准化因子负荷量	信度系数	测量误差	组合信度	平均变异量抽取值
主观规范	6	ASN1	0.957	0.916	0.084	0.982	0.903
		ASN2	0.938	0.880	0.120		
		ASN3	0.962	0.925	0.075		
		ASN4	0.943	0.889	0.111		
		ASN5	0.954	0.910	0.090		
		ASN6	0.948	0.899	0.101		
知觉行为控制	5	PBC1	0.944	0.891	0.109	0.984	0.923
		PBC2	0.956	0.914	0.086		
		PBC3	0.970	0.941	0.059		
		PBC4	0.961	0.924	0.076		
		PBC5	0.971	0.943	0.057		
行为态度	6	AA1	0.968	0.937	0.063	0.993	0.958
		AA2	0.980	0.960	0.040		
		AA3	0.987	0.974	0.026		
		AA4	0.985	0.970	0.030		
		AA5	0.976	0.953	0.047		
		AA6	0.975	0.951	0.049		
自知认知	4	AC1	0.960	0.922	0.078	0.988	0.952
		AC2	0.972	0.945	0.055		
		AC3	0.984	0.968	0.032		
		AC4	0.987	0.974	0.026		

注：#表示未达到最低标准值，标准化因素负荷量小于0.5，信度系数小于0.5。

运用AMOS20.0软件，将变量数据代入预设模型，进行SEM的适配度分析。根据初始模型的回归分析，利用估计参数标准误差来检测假设模型是否违反辨认规则，即检验模型估计所输出的估计参数误差值是否很大或有负的误差方差出现。根据检验结果显示，模型的测量标准误差均为正数，且数值均很小，表明模型没有违反辨认规则。

表6-2列出了民主选举参与行为模型整体适配度的检验结果。可以发现，在初始模型的适配度检验中，绝对适配度指数中的拟合优度指标(GFI)、调整拟

合优度指标(AGFI)以及简约适配度指数中的 CN 值、赤池信息准则(AIC)未达到适配的标准,因此进一步对初始模型进行修正。民主选举参与行为修正模型路径图如图 6-2 所示。按修正指数从大到小的顺序修正模型,增加民主选举参与行为主观规范与知觉行为控制等变量之间的残差相关关系。修正后的模型适配度检验结果均达到了模型可接受的标准,表示本书的理论模型与实际数据可以契合。

表 6-2　民主选举参与行为模型整体适配度的检验摘要

整体模型适配度指数	统计检验量	适配的标准或临界值	模型修正前	模型修正后
绝对适配度指数	近视误差均方根(RMSEA)	＜0.08	0.072	0.050
	拟合优度指标(GFI)	＞0.9	0.838	0.897
	调整拟合优度指标(AGFI)	＞0.9	0.804	0.871
增值适配度指数	规范拟合指标(NFI)	＞0.9	0.948	0.967
	相对拟合指标(RFI)	＞0.9	0.942	0.962
	递增拟合指数(IFL)	＞0.9	0.966	0.984
	Tucker-Lewis 指数(TLI)	＞0.9	0.962	0.982
	比较拟合指标(CFI)	＞0.9	0.966	0.984
	卡方值与自由度的比值(X^2/df)	＜3.00	2.821	1.874
简约适配度指数	简约比较拟合指标(PCFI)	＞0.5	0.864	0.844
	简约规范拟合指标(PNFI)	＞0.5	0.848	0.829
	简约拟合优度指标(PGFI)	＞0.5	0.696	0.714
	CN	＞200	141	213
	赤池信息准则(AIC)	理论模型同时小于独立模型值和饱和模型值	1013.6,756.0,17148.8	718.2,756.0,17148.8
	一致赤池信息准则(CAIC)	理论模型同时小于独立模型值和饱和模型值	1324.7,2593.4,17280.5	1092.4,2593.4,17280.0

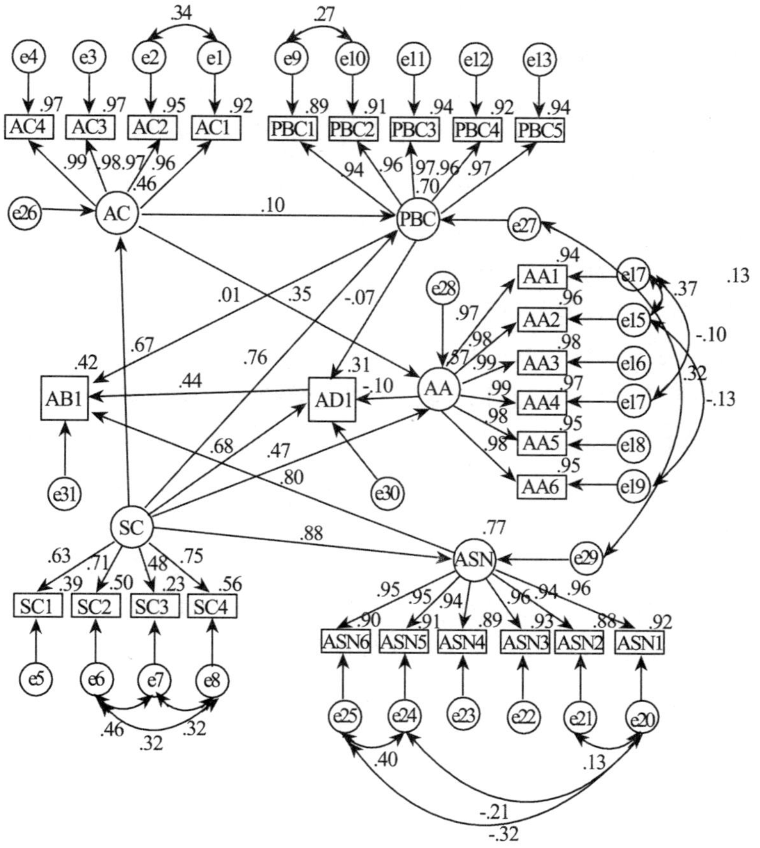

图 6-2 修正后的民主选举参与行为结构方程模型路径

6.1.2.2 路径结果及分析

从农村居民参与民主选举参与行为影响因素的 SEM 回归结果(见表 6-3)可以看出,观测变量对各潜变量的影响路径均显著,知觉行为控制、行为态度对民主选举参与意愿以及知觉行为控制对民主选举参与行为的影响路径不显著,其他影响路径通过 95%的显著检验。这说明农村居民对自身参与民主选举活动的能力、时间、精力等方面的判断及参与民主选择获得的价值等方面的评价不会直接影响其具体的参与意愿;自身有能力、精力或时间等参与民主选举的信心强度亦不会直接影响农村居民民主选举参与行为的做出。变量之间具体的影响效应如下:

(1)社会资本对心理认知变量的影响

社会资本对行为态度、主观规范、知觉行为控制等计划行为理论基础变量及自治认知(计划行为理论扩展变量)的影响均通过了 99%的显著性检验,且标准化的路径系数均为正数,说明社会资本对心理认知变量具有明显的正向促进作用,符合计划行为理论的基本构想。按照作用程度的高低进行排序,依次为主观规范、知觉行为控制、自治认知及行为态度。表 6-4 汇总了民主选举参与行为影响因素的直接效应与间接效应。结果显示,社会资本对心理认知变量的总效应排序发生了改变,社会资本对行为态度的作用程度超过了自治认知,社会资本对自治认知的影响程度最弱。回归结果验证了研究假设:作为计划行为理论中的背景因素,社会资本在直接与间接层面影响农村居民在民主选举过程中的心理认知水平,但直接效应发挥主要作用。因此,在村民选举过程中,提升社会资本的存量对于提高农村居民的参与认知水平、培养积极的参与态度及激发农村居民的主观能动性等具有促进作用。

(2)自治认知对心理认知变量的影响

按照模型设定,自治认知对行为态度与知觉行为控制的影响效应通过了验证,两条影响路径分别通过了 99%、95%的显著性检验。在作用程度上,自治认知对二者的标准化路径系数分别为 0.353 和 0.099,说明自治认知对行为态度的直接效应远大于知觉行为控制。根据表 6-4 中的效应汇总,可以发现自治认知对计划行为理论的基础变量不存在间接影响效应。所以,自治认知对计划行为理论中的行为态度、知觉行为控制变量只存在直接影响效应。虽然自治认知与民主选举参与意愿及行为不存在直接的作用关系,但表 6-4 中的数据显示,自治认知与民主选举参与意愿及行为具有显著的作用关系,作用系数分别为−0.042和−0.017,说明自治认知会通过影响其他变量间接对民主选举参与意愿及行为产生较小的阻碍作用。这或许是在具体的选举实践中,由于部分村庄的选举程序缺乏规范性,有违农村居民的选举期待,预期与实际的心理落差导致自治认知水平较高的农村居民呈现出一种抵制参与的状态。

(3)社会资本对民主选举参与意愿及行为的影响

表 6-3 中的数据显示,社会资本对民主选举参与意愿的影响路径系数为 0.678,且通过了 99%的显著性检验,说明社会资本对民主选举参与意愿具有明显的直接促进作用,即社会资本较高的农村居民,具有更高的民主选举参与意愿。表 6-4 中的数据显示,社会资本对民主选举参与意愿还存在显著的间接影响效应,且作用方向为负,说明社会资本在一定程度上通过其他变量会降低农村居民的选举参与意愿。将二者的直接影响效应与间接影响效应汇总,得到总体效应,影响系数为 0.551。总体来看,社会资本与民主选举参与意愿的关系仍然是直接影响发挥主要作用。从模型的设定来看,社会资本与民主选举参与行为不存在理论上的直接关系,但表 6-4 中的数据显示,二者的间接影响效应为 0.515,且通过了显著性检验,说明社会资本会通过其他变量对民主选举参与行为产生明显的促进作用。社会资本通过培养农村居民的参与意识与合作能力,拓宽了其参政渠道和利益表达途径,在此背景下,提高了农村居民的政治制度信任,通过选举产生村庄治理带头人的意愿得到了增强,并间接提高了民主选

举的参与可能性。

(4)心理认知变量对民主选举参与意愿及行为的影响

心理认知变量中只有主观规范对民主选举参与行为的直接影响显著，知觉行为控制与行为态度对民主选举参与意愿具有削弱的趋势，但直接影响未通过95％的显著性检验，说明农村居民在进行民主选举参与决策时，身边重要他人及机构对其的影响至关重要。从作用力度上来看，主观规范对民主选举参与行为的直接影响路径系数为0.299，说明主观规范对于民主选举参与行为具有直接促进作用。从表6-4中变量间的间接影响效应来看，知觉行为控制与行为态度对民主选举参与行为具有显著的间接影响，作用系数较小，分别为－0.030和－0.044。说明在参与意愿转化为民主选举参与行为的过程中，知觉行为控制与行为态度具有较低的阻碍作用。这主要是因为在当前农村地区动员式或被动式的选举参与仍然存在，农村居民的能力评估、条件感知及主观态度对参与意愿的作用，不能完全在意愿向行为的转化过程中得到体现，民主选举参与行为的最终选择很大程度上不受农村居民的主观控制。

(5)参与意愿对民主选举参与行为的影响

表6-3中的数据显示，参与意愿会显著影响农村居民的民主选举参与行为，二者的影响路径系数为0.439，说明参与意愿会在一定程度上促进民主选举参与行为的做出。而在民主选举参与行为模型中，不存在参与意愿和民主选举参与行为的间接影响效应，即二者的总效应系数仍为0.439。从民主选举参与行为的影响因素角度分析，参与意愿对民主选举参与行为的影响效应在所有变量中的力度最大，具有主观参与意愿的农村居民其民主选举的主动参与程度较高。但在民主选举参与行为的影响因素分析中，还应注意其他因素在其中扮演的重要角色。

表6-3　民主选举参与行为影响因素的SEM回归结果

模型	路径	非标准化系数	标准误差	临界比率值	显著性	标准化参数估计值
结构模型	SC→AC	2.107	0.176	11.952	***	0.675
	SC→PBC	2.680	0.251	10.658	***	0.765
	SC→AA	1.571	0.211	7.459	***	0.467
	SC→ASN	3.086	0.207	14.919	***	0.877
	SC→AD1	0.984	0.209	4.700	***	0.678
	AC→AA	0.381	0.059	6.423	***	0.353

续表

模型	路径	非标准化系数	标准误差	临界比率值	显著性	标准化参数估计值
结构模型	AC→PBC	0.111	0.054	2.053	0.040	0.099
	PBC→AD1	−0.028	0.047	−0.610	0.542	−0.069
	AA→AD1	−0.043	0.032	−1.348	0.178	−0.099
	AD1→AB1	0.153	0.016	9.395	***	0.439
	ASN→AB1	0.043	0.011	3.971	***	0.299
	PBC→AB1	0.002	0.011	0.175	0.861	0.013
测量模型	SC→SC1	0.573	0.051	11.312	***	0.626
	SC→SC2	0.854	0.054	15.822	***	0.709
	SC→SC3	0.488	0.050	9.850	***	0.478
	SC→SC4	1.000	—	—	—	0.746
	ASN→ASN1	1.000	—	—	—	0.957
	ASN→ASN2	0.992	0.024	41.170	***	0.938
	ASN→ASN3	1.009	0.023	43.797	***	0.962
	ASN→ASN4	0.980	0.025	39.205	***	0.943
	ASN→ASN5	0.993	0.026	38.155	***	0.954
	ASN→ASN6	0.995	0.028	35.260	***	0.948
	PBC→PBC1	1.000	—	—	—	0.944
	PBC→PBC2	1.009	0.022	46.440	***	0.956
	PBC→PBC3	1.002	0.023	42.806	***	0.970
	PBC→PBC4	0.993	0.024	40.691	***	0.961
	PBC→PBC5	0.981	0.023	43.164	***	0.971
	AA→AA1	1.000	—	—	—	0.968
	AA→AA2	1.018	0.014	70.609	***	0.980
	AA→AA3	0.996	0.016	61.120	***	0.987
	AA→AA4	1.003	0.018	57.108	***	0.985
	AA→AA5	0.966	0.018	54.507	***	0.976
	AA→AA6	1.005	0.019	54.030	***	0.975

续表

模型	路径	非标准化系数	标准误差	临界比率值	显著性	标准化参数估计值
测量模型	AC→AC1	1.024	0.018	55.380	* * *	0.960
	AC→AC2	1.026	0.016	63.289	* * *	0.972
	AC→AC3	1.018	0.013	75.440	* * *	0.984
	AC→AC4	1.000	—	—	—	0.987

注：* * * 表示 $p<0.001$；带"—"的 5 条路径表示它们作为 SEM 参数估计的基准，系统进行估计时把其作为显著路径来估计其他路径是否显著。

表 6-4　民主选举参与行为模型的影响效应汇总

变量	SC		AC		PBC		AA		AD1	ASN
	直接	间接	直接	间接	直接	间接	直接	间接	直接	直接
AC	0.675	0.000	0.000	0.000	0.000	0.000	0.000	0.000	0.000	0.000
PBC	0.765	0.067	0.099	0.000	0.000	0.000	0.000	0.000	0.000	0.000
AA	0.467	0.238	0.353	0.000	0.000	0.000	0.000	0.000	0.000	0.000
ASN	0.877	0.000	0.000	0.000	0.000	0.000	0.000	0.000	0.000	0.000
AD1	0.678	−0.127	0.000	−0.042	−0.069#	0.000	−0.099#	0.000	0.000	0.000
AB1	0.000	0.515	0.000	−0.017	0.013#	−0.030	0.000	−0.044	0.439	0.299

注：# 表示变量之间的影响效应不显著；变量 ASN 与 AD4 对各对应变量的间接影响效应均为 0，故表中未列出。

6.1.3　心理认知因素对民主决策参与行为的影响分析

6.1.3.1　模型拟合指数检验

根据预设模型，代入调研数据进行验证性因素分析，测量指标变量的因素负荷量、信度系数、组合信度及平均变异抽取量，整理后如表 6-5 所示。从结果可以看出，所有观测变量的标准化因素负荷量满足大于 0.5、小于 1 的评价标准，表示基本适配指标理想，指标变量能有效反映潜变量的构念特质。进一步分析变量的信度系数，如表 6-5 所示，除 SC1 与 SC3，所有观测变量的信度系数均大于 0.5 的评价标准，与民主选举参与行为模型的验证结果一致，但信度系数的数值有一定程度的提升。利用潜在变量的组合信度判别测量模型的内在质量。数据显示，组合信度值均明显大于 0.6，符合验证标准，表明假设模型的内在质量良好。平均方差抽取量方面，社会资本的平均变异量抽取值为 0.488，较民主选举参与行为模型有所增加，其他潜变量的平均方差抽取量都远大于

0.5的评价标准，表明测量指标能有效反映其共同因素构念的潜在特质。整体来看，民主决策参与行为模型中的测量模型质量良好，可以继续进行结构模型的验证与分析。

表 6-5　民主决策参与行为模型验证性因素分析结果

变量	题项数	测量项	标准化因子负荷量	信度系数	测量误差	组合信度	平均变异量抽取值
社会资本	4	SC1	0.639	0.408#	0.592	0.789	0.488
		SC2	0.768	0.590	0.410		
		SC3	0.553	0.306#	0.694		
		SC4	0.806	0.650	0.350		
主观规范	6	ASN1	0.946	0.895	0.105	0.982	0.901
		ASN2	0.937	0.878	0.122		
		ASN3	0.973	0.947	0.053		
		ASN4	0.949	0.901	0.099		
		ASN5	0.945	0.893	0.107		
		ASN6	0.944	0.891	0.109		
知觉行为控制	5	PBC1	0.943	0.889	0.111	0.983	0.922
		PBC2	0.956	0.914	0.086		
		PBC3	0.970	0.941	0.059		
		PBC4	0.960	0.922	0.078		
		PBC5	0.971	0.943	0.057		
行为态度态度	6	AA1	0.966	0.933	0.067	0.992	0.956
		AA2	0.978	0.956	0.044		
		AA3	0.988	0.976	0.024		
		AA4	0.985	0.970	0.030		
		AA5	0.975	0.951	0.049		
		AA6	0.975	0.951	0.049		
自知认知	4	AC1	0.960	0.922	0.078	0.988	0.952
		AC2	0.972	0.945	0.055		
		AC3	0.984	0.968	0.032		
		AC4	0.987	0.974	0.026		

注：#表示未达到最低标准值，标准化因素负荷量小于0.5，信度系数小于0.5。

运用 AMOS20.0 软件，将变量数据代入预设模型，进行 SEM 的适配度分析。检验结果显示，模型的测量标准误差没有出现负数，且数值很小，表明模型没有违反辨认规则。

表 6-6 列出了民主决策参与行为模型整体适配度的检验结果。可以发现，在初始模型的适配度检验中，绝对适配度指数中的拟合优度指标(GFI)、调整拟合优度指标(AGFI)以及简约适配度指数中的 CN 值、赤池信息准则(AIC)未达到适配的标准，检验结果与民主选举参与行为模型一致，因此进一步对初始模型进行修正。具体的民主决策参与行为修正模型路径如图 6-3 所示。按修正指数从大到小的顺序修正模型，增加民主决策参与行为主观规范与知觉行为控制等变量之间的残差相关关系。修正后的模型适配度检验结果得到明显的优化，表示本书的理论模型与实际数据可以契合。

表 6-6　民主决策参与行为模型整体适配度的检验摘要

整体模型适配度指数	统计检验量	适配的标准或临界值	模型修正前	模型修正后
绝对适配度指数	近视误差均方根(RMSEA)	＜0.08	0.074	0.053
	拟合优度指标(GFI)	＞0.9	0.832	0.891
	调整拟合优度指标(AGFI)	＞0.9	0.797	0.864
增值适配度指数	规范拟合指标(NFI)	＞0.9	0.948	0.965
	相对拟合指标(RFI)	＞0.9	0.941	0.960
	递增拟合指数(IFL)	＞0.9	0.965	0.982
	Tucker-Lewis 指数(TLI)	＞0.9	0.960	0.980
	比较拟合指标(CFI)	＞0.9	0.964	0.982
	卡方值与自由度的比值 (X^2/df)	＜3.00	2.906	1.979
简约适配度指数	简约比较拟合指标(PCFI)	＞0.5	0.863	0.845
	简约规范拟合指标(PNFI)	＞0.5	0.847	0.830
	简约拟合优度指标(PGFI)	＞0.5	0.691	0.712
	CN	＞200	137	213
	赤池信息准则(AIC)	理论模型同时小于独立模型值和饱和模型值	1040.4, 756.0, 17239.1	749.7, 756.0, 17239.1
	一致赤池信息准则(CAIC)	理论模型同时小于独立模型值和饱和模型值	1351.5, 2593.4, 17370.3	1119.1, 2593.4, 17370.3

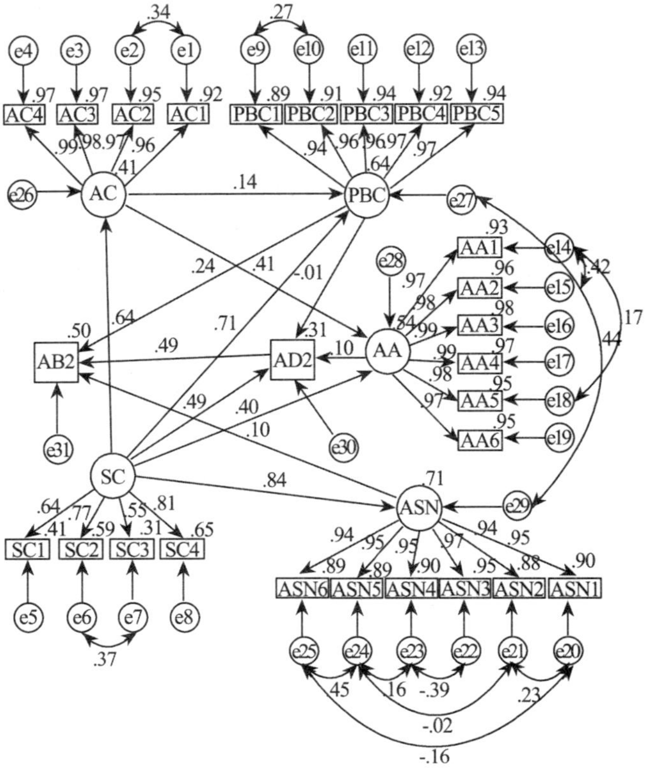

图 6-3　修正后的民主决策参与行为结构方程模型路径

6.1.3.2　模型结果与分析

从村民自治中村民参与民主决策参与行为影响因素的 SEM 回归结果(见表 6-7)可以看出,观测变量对各潜变量的影响路径均显著,知觉行为控制、行为态度对民主决策参与意愿以及主观规范对民主决策参与行为的影响路径不显著,其他影响路径通过 95%的显著检验。这说明农村居民对自身参与民主决策的能力、时间、精力等方面的判断及参与民主决策获得的价值等方面的评价不会影响其具体的参与意愿;身边重要他人及机构对其做出民主决策参与行为亦没有明显的影响。变量之间具体的影响效应如下:

(1)社会资本对心理认知变量的影响

在民主决策参与行为模型中,社会资本对行为态度、主观规范、知觉行为控制等计划行为理论基础变量及自治认知的影响效应均显著,且影响路径系数均为正数,说明社会资本对心理认知变量具有明显的正向促进作用。按照影响路径系数的高低进行排序,依次为主观规范、知觉行为控制、自治认知及行为态度。可以看出,民主决策参与行为模型中社会资本对心理认知变量的影响效应与民主选举参与行为模型大体一致。表 6-8 列出了民主决策参与行为影响因素的直接效应与间接效应。结果显示，社会资本对心理认知变量的总效应排序发生了改变，社会资本对行为态度的作用程度超过了自治认知，社会资本对自治认知的影响程度最弱。回归结果验证了研究假设，作为计划行为理论中的背景因素，社会资本在直接与间接层面均影响农村居民的民主决策心理认知水平，且直接效应发挥主要作用。民主决策是村民自治的根本，其体现农村居民共同在村庄决策中发挥作用。社会资本使得农村居民在民主决策中具有合作、信任的倾向，农村居民的民主决策感知和参与意识在参与社团组织或者朋友邻里日常互惠合作之中慢慢陶冶而成。

(2)自治认知对心理认知变量的影响

表 6-7 中的数据显示，自治认知对行为态度与知觉行为控制的影响效应通过了验证，两条影响路径均通过了 99%的显著性检验。在作用程度上，自治认知对二者的标准化路径系数分别为 0.412 和 0.138，说明自治认知对行为态度和知觉行为控制均存在一定程度的促进作用，且对行为态度的作用力度更大。根据表 6-8 中的效应汇总，可以发现自治认知对计划行为理论的基础变量只存在直接影响效应。按照民主决策参与行为模型的设定，自治认知与民主决策参与意愿及行为不存在直接的作用关系，但表 6-8 中的数据显示，自治认知与民主决策参与意愿及行为具有显著的间接影响效应，相互之间的影响效应系数均为正，说明自治认知会通过影响其他变量间接对民主决策参与意愿及行为产生促进作用。对民主决策内容及具体参与流程的了解程度越高，农村居民的民主决策主动参与意愿越强，具体的参与行为也更容易产生。

(3)社会资本对民主决策参与意愿及行为的影响

按照模型设定，社会资本对民主决策参与意愿具有显著的影响，表 6-7 中的检验结果验证了这一假设。二者的作用系数为 0.489，说明社会资本对民主决策参与意愿具有明显的直接促进作用，即社会资本每提高一单位，民主决策参与意愿提高值为 0.489。表 6-8 中的数据显示，社会资本对民主决策参与意愿及行为还存在显著的间接影响效应，间接影响效应值分别为 0.059 和 0.547，说明社会资本在一定程度上通过其他变量会提高农村居民的决策参与意愿及行为，且社会资本对民主决策参与行为的间接影响效应更高。总体来看，社会资本对民主决策参与意愿的直接影响效应值要明显高于间接效应，说明二者间的关系主要以直接影响为主，符合模型设定的预期。在民主决策的参与过程中，社会资本通过对心理认知变量的影响间接促进了农村居民参与行为的做出。

(4)心理认知变量对民主决策参与意愿及行为的影响

根据模型设定，心理认知变量中只有知觉行为控制对民主决策参与行为的直接影响显著，主观规范对于民主决策参与行为的直接影响效应未通过 95%的显著性检验，说明农村居民对自身参与能力等方面的评价直接影响其具体的民主决策参与行为。知觉行为控制与行为态度对民主决策参与意愿的直接影响效应不显著。从作用力度上来看，知觉行为控制对民主决策参与行为的直接影响路径系数为 0.245，说明二者之间存在明显的正向相关关系，即知觉行为控制越高，农村居民参与民主决策参与行为的可能性越大。从表 6-8 中变量间的总体影响效应来看，知觉行为控制、自治认知、行为态度对民主决策参与行为均具有显著影响，作用系数分别为 0.241、0.053 和 0.048，知觉行为控制对民主决策参与行为的影响力度最大。在民主决策过程中，农村居民的自身参与能力评价越高，参与条件及后果的预期评价越积极，参与认知水平越高，其参与意愿转化为民主决策参与行为的可能性越大。因此，提高农村居民的民主决策心理认知水平有助于促进其民主决策参与。

(5)参与意愿对民主决策参与行为的影响

表 6-7 中的数据显示，参与意愿对于民主决策参与行为的影响效应通过 99% 的显著性检验，二者的直接影响路径系数为 0.486，相对于民主选举参与行为，参与意愿对民主决策参与行为的正向促进作用更大。根据表 6-8 中变量间的影响效应汇总可以发现，参与意愿和民主决策参与行为不存在间接影响效应，即二者的影响总效应值为 0.486，与民主选举参与行为模型的检验结果大体一致。从民主决策参与行为的整体影响效应来看，参与意愿对民主决策参与行为的影响程度最高，说明激发农村居民的参与动机对于提高民主决策参与水平至关重要。

表 6-7　民主决策参与行为影响因素的 SEM 回归结果

模型	路径	非标准化系数	标准误差	临界比率值	显著性	标准化参数估计值
结构模型	SC→AC	1.840	0.153	11.985	***	0.637
	SC→PBC	2.278	0.194	11.715	***	0.706
	SC→AA	1.249	0.178	7.020	***	0.402
	SC→ASN	2.706	0.169	16.052	***	0.840
	SC→AD2	0.619	0.141	4.397	***	0.489
	AC→AA	0.442	0.056	7.901	***	0.412
	AC→PBC	0.154	0.048	3.215	0.001	0.138
	PBC→AD2	−0.003	0.035	−0.081	0.936	−0.007
	AA→AD2	0.040	0.027	1.499	0.134	0.098
	AD2→AB2	0.194	0.017	11.260	***	0.486
	ASN→AB2	0.016	0.011	1.500	0.134	0.103
	PBC→AB2	0.038	0.011	3.604	***	0.245

续表

模型	路径	非标准化系数	标准误差	临界比率值	显著性	标准化参数估计值
测量模型	SC→SC1	0.541	0.044	12.246	* * *	0.639
	SC→SC2	0.857	0.056	15.294	* * *	0.768
	SC→SC3	0.523	0.051	10.276	* * *	0.553
	SC→SC4	1.000	—	—	—	0.806
	ASN→ASN1	1.000	—	—	—	0.946
	ASN→ASN2	1.001	0.024	41.687	* * *	0.937
	ASN→ASN3	1.031	0.024	43.655	* * *	0.973
	ASN→ASN4	0.996	0.026	38.141	* * *	0.949
	ASN→ASN5	0.994	0.026	37.913	* * *	0.945
	ASN→ASN6	1.001	0.028	35.205	* * *	0.944
	PBC→PBC1	1.000	—	—	—	0.943
	PBC→PBC2	1.009	0.022	46.221	* * *	0.956
	PBC→PBC3	1.003	0.024	42.612	* * *	0.970
	PBC→PBC4	0.993	0.025	40.390	* * *	0.960
	PBC→PBC5	0.981	0.023	42.979	* * *	0.971
	AA→AA1	1.000	—	—	—	0.966
	AA→AA2	1.020	0.014	70.600	* * *	0.978
	AA→AA3	0.999	0.017	59.841	* * *	0.988
	AA→AA4	1.006	0.017	58.032	* * *	0.985
	AA→AA5	0.968	0.017	58.002	* * *	0.975
	AA→AA6	1.008	0.019	52.550	* * *	0.975
	AC→AC1	1.023	0.018	55.379	* * *	0.960
	AC→AC2	1.026	0.016	63.322	* * *	0.972
	AC→AC3	1.018	0.013	75.432	* * *	0.984
	AC→AC4	1.000	—	—	—	0.987

注：* * * 表示 $p < 0.001$；带“—”的 5 条路径表示它们作为 SEM 参数估计的基准，系统进行估计时把其作为显著路径来估计其他路径是否显著。

表 6-8　民主决策参与行为模型的影响效应汇总

变量	SC		AC		PBC		AA		AD2	ASN
	直接	间接	直接	间接	直接	间接	直接	间接	直接	直接
AC	0.637	0.000	0.000	0.000	0.000	0.000	0.000	0.000	0.000	0.000
PBC	0.706	0.088	0.138	0.000	0.000	0.000	0.000	0.000	0.000	0.000
AA	0.402	0.262	0.412	0.000	0.000	0.000	0.000	0.000	0.000	0.000
ASN	0.840	0.000	0.000	0.000	0.000	0.000	0.000	0.000	0.000	0.000
AD2	0.489	0.059	0.000	0.039	−0.007#	0.000	0.098#	0.000	0.000	0.000
AB2	0.000	0.547	0.000	0.053	0.245	−0.004	0.000	0.048	0.486	0.103#

注：#表示变量之间的影响效应不显著；变量 ASN 与 AD4 对各对应变量的间接影响效应均为 0，故表中未列出。

6.1.4　心理认知因素对民主监督参与行为的影响分析

6.1.4.1　模型拟合指数检验

根据前文中的理论框架与预设模型，将变量数据代入预设模型进行验证性因素分析，将测量指标变量的因素负荷量、信度系数、组合信度及平均变异抽取量等检验结果整理，如表 6-9 所示。因素负荷量的数值可以反映观测变量对潜变量的解释程度。从结果可以看出，除社会资本中的 SC3 指标外，所有观测变量的标准化因素负荷量满足大于 0.5、小于 1 的评价标准，表示基本适配指标理想，指标变量能有效反映潜变量的构念特质。利用各变量指标的因素负荷量值计算得出相应的信度系数值。表 6-9 中的数据显示，除社会资本中的部分观测变量外，所有观测变量的信度系数均大于 0.5 的评价标准。进一步利用潜在变量的组合信度判别变量测量模型的内在质量。数据显示，所有潜变量的组合信度值均符合大于 0.6 的评价标准，表明测量模型的内在质量良好。CFA 测量模型中的平均方差抽取量显示，除社会资本为 0.416，其他潜变量的平均方差抽取量都显著大于 0.5 的评价标准，表明测量指标能有效反映其共同因素构念的潜在特质。整体来看，民主监督参与行为的测量模型内在质量尚算理想，可以继续进行结构模型的验证与分析。

表 6-9 民主监督参与行为模型验证性因素分析结果

变量	题项数	测量项	标准化因子负荷量	信度系数	测量误差	组合信度	平均变异量抽取值
社会资本	4	SC1	0.612	0.375#	0.625	0.736	0.416
		SC2	0.695	0.483#	0.517		
		SC3	0.459#	0.211#	0.789		
		SC4	0.750	0.563	0.438		
主观规范	6	ASN1	0.946	0.895	0.105	0.982	0.901
		ASN2	0.936	0.876	0.124		
		ASN3	0.973	0.947	0.053		
		ASN4	0.950	0.903	0.098		
		ASN5	0.945	0.893	0.107		
		ASN6	0.944	0.891	0.109		
知觉行为控制	5	PBC1	0.950	0.903	0.098	0.984	0.925
		PBC2	0.961	0.924	0.076		
		PBC3	0.969	0.939	0.061		
		PBC4	0.960	0.922	0.078		
		PBC5	0.969	0.939	0.061		
行为态度态度	6	AA1	0.967	0.935	0.065	0.993	0.958
		AA2	0.980	0.960	0.040		
		AA3	0.988	0.976	0.024		
		AA4	0.985	0.970	0.030		
		AA5	0.976	0.953	0.047		
		AA6	0.975	0.951	0.049		
自知认知	4	AC1	0.960	0.922	0.078	0.988	0.952
		AC2	0.972	0.945	0.055		
		AC3	0.984	0.968	0.032		
		AC4	0.987	0.974	0.026		

注：#表示未达到最低标准值，标准化因素负荷量小于0.5，信度系数小于0.5。

运用 AMOS20.0 软件，将变量数据代入预设模型进行 SEM 模型的适配度分析。根据初始模型的回归分析，利用估计参数标准误差来检测假设模型是否违反辨认规则。结果显示，模型中所有变量的测量标准误差均很小，且未出现负数，表明模型没有违反辨认规则。

表 6-10 列出了民主监督参与行为模型整体适配度的检验结果。可以发现，在初始模型的适配度检验中，绝对适配度指数中的拟合优度指标(GFI)、调整拟合优度指标(AGFI)以及简约适配度指数中的 CN 值、赤池信息准则(AIC)未达到适配的标准，拟合情况与民主选举参与行为模型及民主决策参与行为模型相吻合，因此进一步对初始模型进行修正。具体的民主监督参与行为修正模型路径如图 6-4 所示。按修正指数从大到小的顺序修正模型，增加民主监督参与行为主观规范与知觉行为控制等变量之间的残差相关关系。修正后的模型适配度检验结果较预设模型得到进一步优化，表示本书的理论模型与实际数据可以契合。

表 6-10　民主监督参与行为模型整体适配度的检验摘要

整体模型适配度指数	统计检验量	适配的标准或临界值	模型修正前	模型修正后
绝对适配度指数	近视误差均方根(RMSEA)	<0.08	0.073	0.050
	拟合优度指标(GFI)	>0.9	0.835	0.896
	调整拟合优度指标(AGFI)	>0.9	0.801	0.870
增值适配度指数	规范拟合指标(NFI)	>0.9	0.948	0.967
	相对拟合指标(RFI)	>0.9	0.941	0.961
	递增拟合指数(IFL)	>0.9	0.965	0.984
	Tucker-Lewis 指数(TLI)	>0.9	0.961	0.982
	比较拟合指标(CFI)	>0.9	0.965	0.984
	卡方值与自由度的比值(X^2/df)	<3.00	2.869	1.886
简约适配度指数	简约比较拟合指标(PCFI)	>0.5	0.863	0.844
	简约规范拟合指标(PNFI)	>0.5	0.848	0.829
	简约拟合优度指标(PGFI)	>0.5	0.693	0.714
	CN	>200	139	212
	赤池信息准则(AIC)	理论模型同时小于独立模型值和饱和模型值	1028.9，756.0，17223.1	718.2，756.0，17223.1
	一致赤池信息准则(CAIC)	理论模型同时小于独立模型值和饱和模型值	1340.0，2593.4，17354.3	1096.0，2593.4，17354.3

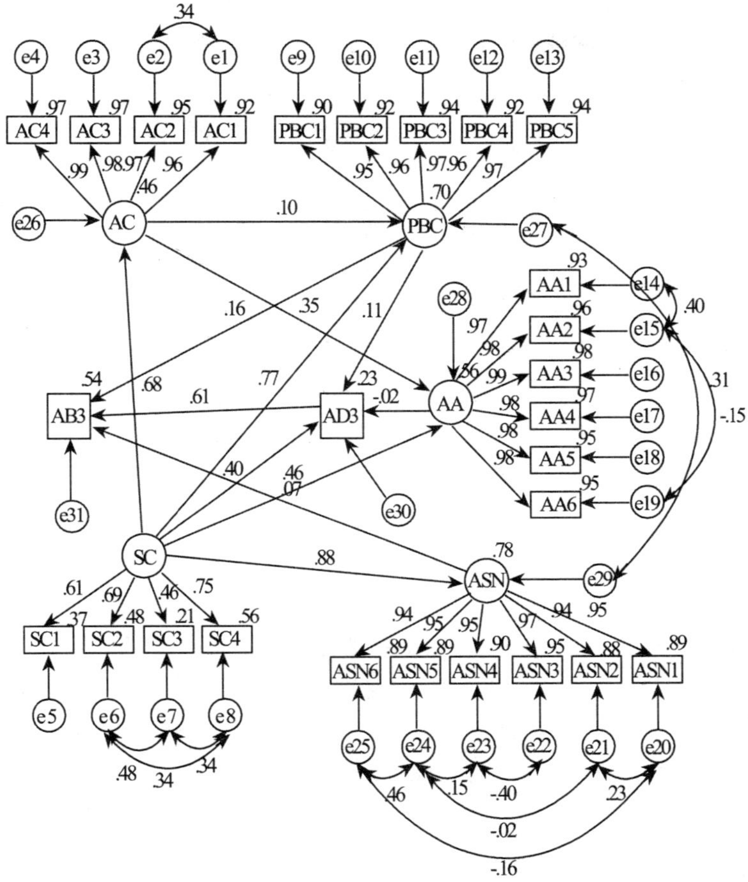

图 6-4 修正后的民主监督参与行为结构方程模型路径

6.1.4.2 模型结果与分析

从村民自治中村民参与民主监督参与行为影响因素的 SEM 回归结果(见表 6-11)可以看出,观测变量对各潜变量的影响路径均显著,知觉行为控制、行为态度对民主监督参与意愿以及主观规范对民主监督参与行为的影响路径不显著,其他影响路径通过 95%的显著检验。这说明农村居民对自身参与民主监督的能力、时间、精力等方面的判断及参与民主监督获得的价值等方面的评价不会影响其具体的参与意愿;身边重要他人及机构对其做出民主监督参与行为亦没有明显的影响。变量之间具体的影响效应如下:

(1)社会资本对心理认知变量的影响

在民主监督参与行为模型中,社会资本对行为态度、主观规范、知觉行为控制等计划行为理论基础变量及自治认知的影响效应均显著,且影响路径系数均为正数,说明社会资本对心理认知变量具有明显的正向促进作用。按照影响路径系数的高低进行排序，依次为主观规范、知觉行为控制、自治认知及行为态度。可以看出，除影响路径系数变动外，民主监督参与行为模型中社会资本对心理认知变量的影响效应与民主选举参与行为及民主决策参与行为模型相吻合。根据表 6-12 中变量间直接效应与间接效应的检验结果，社会资本对知觉行为控制与行为态度还存在显著的间接影响效应，效应值分别为 0.065 和 0.240。因此，将变量间的直接效应值与间接效应值相加得到影响总效应。可以发现，相比自治认知而言，社会资本对行为态度的整体作用力度要更大。整体来看，回归结果验证了研究假设。作为计划行为理论中的背景因素，社会资本与心理认知变量存在着千丝万缕的联系，总体影响效应值反映出社会资本对主观规范、知觉行为控制及行为态度的作用力度较为接近。在民主监督过程中，社会资本会提高农村居民的心理认知水平。我国的农村地区大体属于一种熟人社会，村庄内部的村规民约会加强其内部的规范化。受规范化的影响，村庄内部的社会成员逐渐培养出相互监督、共同维护村庄内部秩序的意识。

(2)自治认知对心理认知变量的影响

按照民主监督参与行为的模型设定，自治认知对行为态度与知觉行为控制的影响效应通过了验证，两条影响路径分别通过了 99%、95%的显著性检验。在作用程度上，自治认知对行为态度的促进作用高于知觉行为控制。这说明村民监督的了解程度对于感性层面心理认知水平的促进作用要高于理性层面。根据表 6-12 中的效应汇总，可以发现自治认知对计划行为理论的基础变量不存在间接影响效应。根据模型设定，自治认知与民主监督参与意愿及行为不存在直接的作用关系，但根据变量间影响效应的汇总结果，自治认知对民主监督参与意愿及行为的间接影响效应显著，作用系数分别为 0.004 和 0.017，作用力度较小，说明自治认知会通过影响其他变量间接对民主监督参与意愿及行为产生微弱的促进作用。因此，加强民主监督知识的宣传对农村居民参与意识的培养及参与水平的提升具有一定的促进作用。

(3)社会资本对民主监督参与意愿及行为的影响

表 6-11 中的检验结果显示，社会资本对民主监督参与意愿具有显著的影响，与模型预期一致。在作用力度方面，社会资本与民主监督参与意愿的影响路径系数为 0.400，说明社会资本对民主监督参与意愿具有明显的直接促进作用，即社会资本每提高一单位，民主监督参与意愿提高值为 0.400。表 6-12 中的数据显示，社会资本对民主监督参与意愿及行为还存在显著的间接影响效应，间接影响效应值分别为 0.076 和 0.484。总体来看，社会资本对民主监督参与意愿的直接影响效应值要明显高于间接效应，说明二者间的关系主要以直接影响为主，符合模型设定的预期。这说明社会资本在一定程度上通过其他变量提高农村居民的监督参与意愿及行为，且社会资本对民主监督参与行为的间接

影响效应较高。所以，通过提高农村居民的社会资本存量能在较大程度上提升其监督参与水平。

(4)心理认知变量对民主监督参与意愿及行为的影响

根据模型设定，知觉行为控制与行为态度对于民主监督参与意愿的影响效应未通过95%的显著性检验，心理认知变量中只有知觉行为控制对民主监督参与行为的直接影响显著，主观规范与民主监督参与行为的影响效应亦不显著，说明农村居民对自身参与能力等方面的评价直接影响其具体的民主监督参与行为。从作用力度上来看，知觉行为控制对民主监督参与行为的直接影响路径系数为0.155，说明二者之间存在明显的正向相关关系，即知觉行为控制每提高一单位，农村居民参与民主监督参与行为相应提高0.155单位。从表6-12中变量间的影响效应来看，心理认知变量对民主监督参与意愿不存在间接影响效应，知觉行为控制与行为态度对民主监督参与行为具有显著的间接影响，作用系数分别为0.064和−0.010，说明知觉行为控制与行为态度通过其他途径分别对民主监督参与行为发挥微弱的促进和阻碍作用。从心理认知变量对民主监督参与行为影响的整体效应来看，知觉行为控制变量的总影响效应值为0.219，在整个影响过程中发挥主要作用。这说明农村居民的民主监督参与行为在很大程度上由其自身对参与能力的评价及条件预期决定。当农村居民不具备监督时间、精力及所需基本素质或害怕监督被打击报复时，村庄民主监督的效果将大打折扣。

(5)参与意愿对民主监督参与行为的影响

根据模型设定，参与意愿和民主监督参与行为具有显著的影响效应，表6-11中的检验结果验证了这一假设，二者的直接影响路径系数为0.609。相对于民主选举参与行为和民主决策参与行为，参与意愿对民主监督参与行为的正向促进作用更大。这说明在村民自治过程中，农村居民具有参与民主监督参与意愿，参与实际监督活动的可能性更大。根据表6-12中变量间的影响效应汇总可以发现，参与意愿和民主监督参与行为不存在间接影响效应，与前两个模型的检验结果相吻合。值得注意的是，与前两个模型类似，社会资本对参与意愿转化为民主监督参与行为的间接影响较为突出，说明在民主监督过程中社会资本的存量会激发农村居民的参与行为。

表6-11　民主监督参与行为影响因素的SEM回归结果

模型	路径	非标准化系数	标准误差	临界比率值	显著性	标准化参数估计值
结构模型	SC→AC	2.108	0.175	12.069	* * *	0.679
	SC→PBC	2.701	0.253	10.659	* * *	0.770
	SC→AA	1.549	0.210	7.394	* * *	0.464

续表

模型	路径	非标准化系数	标准误差	临界比率值	显著性	标准化参数估计值
结构模型	SC→ASN	3.057	0.207	14.746	***	0.884
	SC→AD3	0.502	0.175	2.862	0.004	0.400
	AC→AA	0.380	0.060	6.344	***	0.353
	AC→PBC	0.108	0.055	1.965	0.049	0.095
	PBC→AD3	0.038	0.040	0.953	0.341	0.105
	AA→AD3	−0.006	0.028	−0.224	0.823	−0.017
	AD3→AB3	0.313	0.021	14.944	***	0.609
	ASN→AB3	0.014	0.012	1.104	0.270	0.073
	PBC→AB3	0.029	0.012	2.350	0.019	0.155
测量模型	SC→SC1	0.557	0.050	11.078	***	0.612
	SC→SC2	0.832	0.053	15.637	***	0.695
	SC→SC3	0.465	0.049	9.463	***	0.459
	SC→SC4	1.000	—	—	—	0.750
	ASN→ASN1	1.000	—	—	—	0.946
	ASN→ASN2	1.001	0.024	41.694	***	0.936
	ASN→ASN3	1.031	0.024	43.610	***	0.973
	ASN→ASN4	0.997	0.026	38.216	***	0.950
	ASN→ASN5	0.994	0.026	37.883	***	0.945
	ASN→ASN6	1.002	0.028	35.179	***	0.944
	PBC→PBC1	1.000	—	—	—	0.950
	PBC→PBC2	1.008	0.024	42.427	***	0.961
	PBC→PBC3	0.995	0.022	44.373	***	0.969
	PBC→PBC4	0.986	0.023	42.068	***	0.960
	PBC→PBC5	0.972	0.022	44.362	***	0.969
	AA→AA1	1.000	—	—	—	0.967
	AA→AA2	1.019	0.014	70.879	***	0.980
	AA→AA3	0.997	0.017	60.334	***	0.988
	AA→AA4	1.004	0.017	58.514	***	0.985

续表

模型	路径	非标准化系数	标准误差	临界比率值	显著性	标准化参数估计值
测量模型	AA→AA5	0.967	0.018	53.752	* * *	0.976
	AA→AA6	1.007	0.019	53.546	* * *	0.975
	AC→AC1	1.023	0.018	55.369	* * *	0.960
	AC→AC2	1.026	0.016	63.283	* * *	0.972
	AC→AC3	1.018	0.013	75.458	* * *	0.984
	AC→AC4	1.000	—	—	—	0.987

注：* * * 表示 $p < 0.001$，带“—”的 5 条路径表示它们作为 SEM 参数估计的基准。

表 6-12 民主监督参与行为模型的影响效应汇总

变量	SC		AC		PBC		AA		AD3	ASN
	直接	间接	直接	间接	直接	间接	直接	间接	直接	直接
AC	0.679	0.000	0.000	0.000	0.000	0.000	0.000	0.000	0.000	0.000
PBC	0.770	0.065	0.095	0.000	0.000	0.000	0.000	0.000	0.000	0.000
AA	0.464	0.240	0.353	0.000	0.000	0.000	0.000	0.000	0.000	0.000
ASN	0.884	0.000	0.000	0.000	0.000	0.000	0.000	0.000	0.000	0.000
AD3	0.400	0.076	0.000	0.004	0.105#	0.000	−0.017#	0.000	0.000	0.000
AB3	0.000	0.484	0.000	0.017	0.155	0.064	0.000	−0.010	0.609	0.073#

注：# 表示变量之间的影响效应不显著；变量 ASN 与 AD4 对各对应变量的间接影响效应均为 0，故表中未列出。

6.1.5 心理认知因素对民主管理参与行为的影响分析

6.1.5.1 模型拟合指数检验

基于民主管理参与行为的预设模型，对调研数据进行验证性因素分析，将测量指标变量的因素负荷量、信度系数、组合信度及平均变异抽取量等检验结果整理，如表 6-13 所示。因素负荷量的数值可以表示观测变量在各潜在变量中的相对重要性。从结果可以看出，除社会资本中 SC3 指标外，所有观测变量的标准化因素负荷量满足大于 0.5、小于 1 的评价标准，且 SC3 的因素负荷量为 0.451，较为接近 0.5，说明民主管理参与行为模型基本适配指标理想，指标变量能有效反映潜变量的构念特质。进一步计算出的变量信度系数如表 6-13 所示，除社会资本中的 SC1 与 SC3 指标外，所有观测变量的信度系数均大于 0.5 的评价标准。利用潜在变量的组合信度判别测量模型的内在质量。数据显示，所有潜在变量的组合信度值均符合大于 0.6 的评价标准，表明测量模型的内在质量良好。在潜变量的平均方差抽取量方面，除社会资本的数值低于检验标准外，其他潜变量的平均方差抽取量都大于 0.5 的评价标准，表明测量指标能有效反映其共同因素构念的潜在特质。整体来看，模型的内在质量可以接受，继续进行结构模型的验证与分析。

表 6-13 民主管理参与行为模型验证性因素分析结果

变量	题项数	测量项	标准化因子负荷量	信度系数	测量误差	组合信度	平均变异量抽取值
社会资本	4	SC1	0.608	0.370#	0.630	0.730	0.412
		SC2	0.718	0.516	0.484		
		SC3	0.451#	0.203#	0.797		
		SC4	0.747	0.558	0.442		
主观规范	6	ASN1	0.945	0.893	0.107	0.978	0.88
		ASN2	0.935	0.874	0.126		
		ASN3	0.972	0.945	0.055		
		ASN4	0.951	0.904	0.096		
		ASN5	0.949	0.901	0.099		
		ASN6	0.905	0.819	0.181		
知觉行为控制	5	PBC1	0.944	0.891	0.109	0.983	0.922
		PBC2	0.956	0.914	0.086		
		PBC3	0.969	0.939	0.061		
		PBC4	0.961	0.924	0.076		
		PBC5	0.971	0.943	0.057		
行为态度态度	6	AA1	0.967	0.935	0.065	0.993	0.957
		AA2	0.978	0.956	0.044		
		AA3	0.988	0.976	0.024		
		AA4	0.985	0.970	0.030		
		AA5	0.976	0.953	0.047		
		AA6	0.975	0.951	0.049		
自知认知	4	AC1	0.960	0.922	0.078	0.988	0.952
		AC2	0.972	0.945	0.055		
		AC3	0.984	0.968	0.032		
		AC4	0.987	0.974	0.026		

注：# 表示未达到最低标准值，标准化因素负荷量小于 0.5，信度系数小于 0.5。

运用 AMOS20.0 软件，将变量数据代入预设的民主管理参与行为模型，进行 SEM 模型的适配度分析。是否违反辨认规则检验结果显示，模型的测量标准误差均为很小的正数，表明模型没有违反辨认规则。

表 6-14 列出了民主管理参与行为模型整体适配度的检验结果。可以发现，在初始模型的适配度检验中，绝对适配度指数中的拟合优度指标(GFI)、调整拟合优度指标(AGFI)、增值适配度指数中的卡方值与自由度比值指标(X^2/df)以及简约适配度指数中的 CN 值、赤池信息准则(AIC)未达到适配的标准，但均较为接近临界值，因此进一步对初始模型进行修正。民主管理参与行为修正模型路径如图 6-5 所示。按修正指数从大到小的顺序修正模型，增加民主管理参与行为主观规范与知觉行为控制等变量之间的残差相关关系。修正后的模型适配度检验结果较预设模型得到优化，表示本书的理论模型与实际数据可以契合。

表 6-14　民主管理参与行为模型整体适配度的检验摘要

整体模型适配度指数	统计检验量	适配的标准或临界值	模型修正前	模型修正后
绝对适配度指数	近视误差均方根(RMSEA)	<0.08	0.077	0.053
	拟合优度指标(GFI)	>0.9	0.827	0.892
	调整拟合优度指标(AGFI)	>0.9	0.791	0.864
增值适配度指数	规范拟合指标(NFI)	>0.9	0.945	0.966
	相对拟合指标(RFI)	>0.9	0.938	0.960
	递增拟合指数(IFL)	>0.9	0.962	0.983
	Tucker-Lewis 指数(TLI)	>0.9	0.958	0.980
	比较拟合指标(CFI)	>0.9	0.962	0.983
	卡方值与自由度的比值(X^2/df)	<3.00	3.074	1.983
简约适配度指数	简约比较拟合指标(PCFI)	>0.5	0.861	0.843
	简约规范拟合指标(PNFI)	>0.5	0.845	0.828
	简约拟合优度指标(PGFI)	>0.5	0.687	0.710
	CN	>200	130	201

续表

整体模型适配度指数	统计检验量	适配的标准或临界值	模型修正前	模型修正后
简约适配度指数	赤池信息准则(AIC)	理论模型同时小于独立模型值和饱和模型值	1093.2，756.0，17565.1	750.8，756.0，17565.1
	一致赤池信息准则(CAIC)	理论模型同时小于独立模型值和饱和模型值	1404.3，2593.4，17696.3	1125.1，2593.4，17696.3

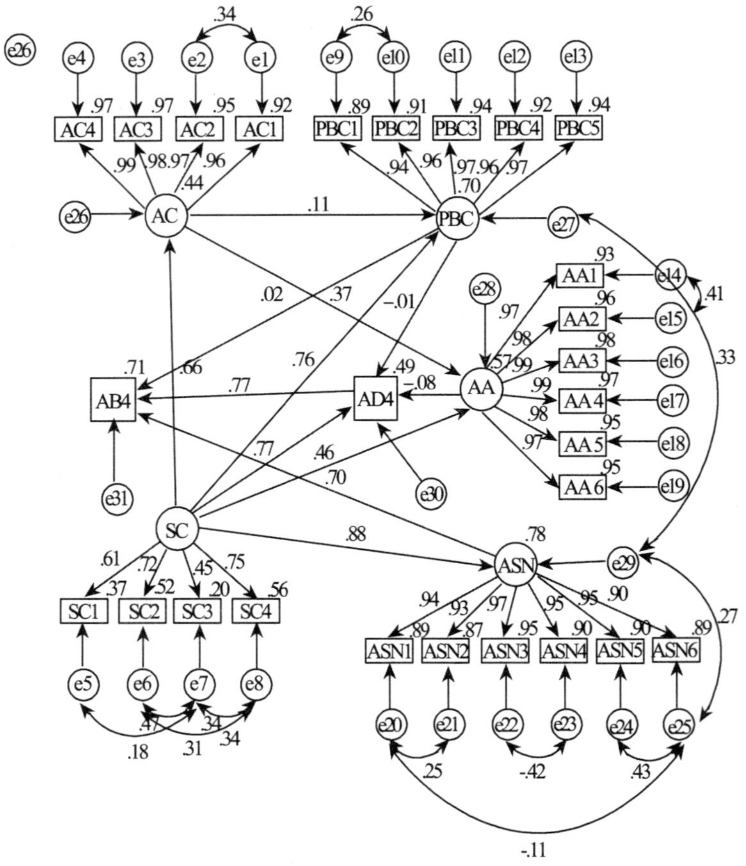

图 6-5 修正后的民主管理参与行为结构方程模型路径

6.1.5.2 模型结果与分析

从村民自治中村民参与民主管理参与行为影响因素的 SEM 回归结果(见表 6-15)可以看出,观测变量对各潜变量的影响路径均显著,知觉行为控制、行为态度对民主管理参与意愿以及主观规范、知觉行为控制对民主管理参与行为的影响路径不显著,其他影响路径通过 95%的显著检验。这说明农村居民对自身参与民主管理活动的能力、时间、精力等方面的判断及参与民主管理获得的价值等方面的评价不会影响其具体的参与意愿;自身有能力、精力或时间等参与民主管理的信心强度、重要他人及机构对其行为的做出亦没有明显的影响。变量之间具体的影响效应如下:

(1)社会资本对心理认知变量的影响

根据民主管理参与行为模型的设定,社会资本对行为态度、主观规范、知觉行为控制及自治认知的影响均通过了 99%的显著性检验,模型的研究假设得到验证,且标准化的路径系数均为正数,说明社会资本对心理认知变量具有明显的正向促进作用。按照直接影响效应作用力度的高低进行排序,依次为主观规范、知觉行为控制、自治认知及行为态度。表 6-16 汇总了民主管理参与行为影响因素的直接效应与间接效应。结果显示,社会资本对自治认知不具有间接影响效应,对知觉行为控制与行为态度的间接影响效应检验显著,且作用力度为正,因此,社会资本对心理认知变量的总效应排序发生了改变,社会资本对行为态度的作用程度超过了自治认知,社会资本对自治认知的影响程度最弱。从变量间的整体影响效应来看,社会资本对心理认知变量的间接影响效应较小,正向的直接影响发挥主要作用。村庄民主管理需要农村居民建立起合作关系,注重村庄内部交往、互惠、合作的农村居民更容易在管理参与中达成一致,从而会具备更积极的参与态度、更高水平的参与感知,在日常交流中掌握的民主管理知识也会更加丰富。

(2)自治认知对心理认知变量的影响

按照模型设定,自治认知对行为态度与知觉行为控制的影响效应通过了验证,两条影响路径分别通过了 99%、95%的显著性检验。在作用程度上,自治认知对二者的标准化路径系数分别为 0.365 和 0.108,作用力度较上述三个模型略有增强。根据表 6-16 中的效应汇总,可以发现自治认知对计划行为理论的基础变量不存在间接影响效应,所以自治认知对计划行为理论中的行为态度、知觉行为控制变量只存在直接影响效应。自治认知对民主管理参与意愿及行为的间接影响显著,作用系数分别为−0.032 和−0.022,作用方向与民主选举模型相吻合,说明自治认知会通过影响其他变量间接对民主管理参与意愿及行为产生阻碍作用,即农村居民的村民自治认知程度越高,其参与民主管理活动的积极性越低。这或许是因为民主管理在更多方面需要农村居民支付一定的时间与经济成本，而自治认知水平高的农村居民其对成本付出的感知更高，致使其对民主管理参与产生一定程度的抵触情绪，限制了其参与水平。

(3)社会资本对民主管理参与意愿及行为的影响

表6-15的检验结果显示，社会资本与民主管理参与意愿的影响路径系数为0.767，且通过了99%的显著性检验，说明社会资本对民主管理参与意愿具有明显的直接促进作用，即社会资本较高的农村居民具有更高的民主管理参与意愿，与研究假设一致。根据模型设定，社会资本与民主管理参与行为不存在直接的影响效应。表6-16中的数据显示，社会资本对民主管理参与意愿存在显著的间接影响效应，且作用方向为负，说明社会资本在一定程度上通过其他变量会削弱农村居民的管理参与积极性。将二者的直接影响效应与间接影响效应相加，得到总体效应，影响系数为0.601。变量间的影响效应结果显示，社会资本对民主管理参与行为的间接影响效应为0.643，其民主管理参与行为的作用力度仅低于参与意愿，说明社会资本会通过其他变量对民主管理参与行为产生明显的促进作用。社会资本是民主进步的重要决定因素，能够提高村庄内部的凝聚力，把农村居民从缺少共同责任感的利己主义者转变为利益共享、责任共担和有社会公益感的社会成员。当农村居民的合作、互惠、信任认同程度较高时，其在村庄的管理与建设过程中更容易形成合力，促使共同参与。

(4)心理认知变量对民主管理参与意愿及行为的影响

表6-15的检验结果显示，所有的心理认知变量对民主管理参与意愿及行为的直接影响均不显著，其中知觉行为控制与行为态度对民主管理参与意愿具有削弱的趋势，而知觉行为控制与主观规范对民主管理参与行为具有促进的趋势。从表6-16中变量间的间接影响效应来看，心理认知变量对民主管理参与意愿不存在间接影响效应，知觉行为控制与行为态度对民主管理参与行为具有显著的间接影响，作用系数差距较大，分别为－0.006和－0.065，说明二者通过其他途径对农村居民的民主管理参与具有微弱的阻碍作用。农村居民的民主管理心理认知反映了其对参与行为的预期与评价，主要考虑的是个人层面，参与与否的心理活动会使参与意愿和参与行为产生冲突，限制参与意愿转化为民主管理参与行为。因此，培养农村居民的公共精神、合作共享意识，对于推进高效、稳定的民主管理意义重大。

(5)参与意愿对民主管理参与行为的影响

根据民主管理参与行为模型的设定，参与意愿对民主管理参与行为存在显著的影响。表6-15的检验结果显示，参与意愿对农村居民民主管理参与行为的影响通过了99%的显著性检验，二者的影响路径系数为0.765，说明参与意愿在很大程度上会促进农村居民做出民主管理参与行为。在民主管理参与行为模型中，不存在参与意愿和民主管理参与行为的间接影响效应，说明参与意愿对民主管理参与行为的影响只限于直接层面。从民主管理参与行为的影响因素角度分析，参与意愿对民主管理参与行为的影响效应在所有变量中力度最大，说明激发农村居民的参与热情对于促进农村地区的民主管理至关重要。

表 6-15　民主管理参与行为影响因素的 SEM 回归结果

模型	路径	非标准化系数	标准误差	临界比率值	显著性	标准化参数估计值
结构模型	SC→AC	2.056	0.174	11.809	***	0.660
	SC→PBC	2.661	0.242	11.004	***	0.761
	SC→AA	1.540	0.203	7.575	***	0.459
	SC→ASN	2.937	0.204	14.405	***	0.882
	SC→AD4	1.179	0.201	5.867	***	0.767
	AC→AA	0.393	0.057	6.855	***	0.365
	AC→PBC	0.121	0.051	2.365	0.018	0.108
	PBC→AD4	−0.004	0.045	−0.079	0.937	−0.008
	AA→AD4	−0.039	0.030	−1.312	0.190	−0.085
	AD4→AB4	0.346	0.017	20.752	***	0.765
	ASN→AB4	0.021	0.011	1.884	0.060	0.102
	PBC→AB4	0.004	0.010	0.394	0.693	0.021
测量模型	SC→SC1	0.556	0.050	11.063	***	0.608
	SC→SC2	0.864	0.054	16.046	***	0.718
	SC→SC3	0.455	0.049	9.305	***	0.451
	SC→SC4	1.000	—	—	—	0.747
	ASN→ASN1	1.041	0.031	33.075	***	0.945
	ASN→ASN2	1.042	0.031	33.260	***	0.935
	ASN→ASN3	1.075	0.028	39.012	***	0.972
	ASN→ASN4	1.042	0.029	35.437	***	0.951
	ASN→ASN5	1.042	0.023	44.402	***	0.949
	ASN→ASN6	1.000	—	—	—	0.905
	PBC→PBC1	1.000	—	—	—	0.944
	PBC→PBC2	1.009	0.022	46.419	***	0.956

续表

模型	路径	非标准化系数	标准误差	临界比率值	显著性	标准化参数估计值
测量模型	PBC→PBC3	1.002	0.023	42.778	* * *	0.969
	PBC→PBC4	0.993	0.024	40.804	* * *	0.961
	PBC→PBC5	0.981	0.023	43.169	* * *	0.971
	AA→AA1	1.000	—	—	—	0.967
	AA→AA2	1.018	0.014	71.236	* * *	0.978
	AA→AA3	0.997	0.017	60.444	* * *	0.988
	AA→AA4	1.004	0.017	58.664	* * *	0.985
	AA→AA5	0.968	0.018	53.786	* * *	0.976
	AA→AA6	1.006	0.019	53.087	* * *	0.975
	AC→AC1	1.024	0.018	55.349	* * *	0.960
	AC→AC2	1.026	0.016	63.254	* * *	0.972
	AC→AC3	1.018	0.013	75.447	* * *	0.984
	AC→AC4	1.000	—	—	—	0.987

注：* * * 表示 $p < 0.001$，带"—"的 5 条路径表示它们作为 SEM 参数估计的基准。

表 6-16　民主管理参与行为模型的影响效应汇总

变量	SC		AC		PBC		AA		AD4	ASN
	直接	间接	直接	间接	直接	间接	直接	间接	直接	直接
AC	0.660	0.000	0.000	0.000	0.000	0.000	0.000	0.000	0.000	0.000
PBC	0.761	0.071	0.108	0.000	0.000	0.000	0.000	0.000	0.000	0.000
AA	0.459	0.241	0.365	0.000	0.000	0.000	0.000	0.000	0.000	0.000
ASN	0.882	0.000	0.000	0.000	0.000	0.000	0.000	0.000	0.000	0.000
AD4	0.767	−0.066	0.000	−0.032	−0.008#	0.000	−0.085#	0.000	0.000	0.000
AB4	0.000	0.643	0.000	−0.022	0.021#	−0.006	0.000	−0.065	0.765	0.102#

注：# 表示变量之间的影响效应不显著；变量 ASN 与 AD4 对各对应变量的间接影响效应均为 0，故表中未列出。

6.2 阶层地位对村民自治参与行为的调节效应检验

6.2.1 方法的选择

在进行变量调节效应的检验时，有多种方法可供选择，包括多元调节回归模型、结构方程模型以及层次线性模型等。多元调节回归模型是检验调节变量最常用的方法。该方法通过构造调节变量与自变量的乘积项来表示二者共同对因变量的影响，并将其与自变量、调节变量以及因变量共同放到回归方程中构成检验模型。因此，本书根据阶层地位调节效应研究假设，将自治意愿、阶层地位变量以及阶层地位变量与自治意愿的交互逐次放入多元调节回归模型，以检验阶层地位变量对村民自治参与行为的调节效应。按照阶层地位变量的维度分类，分别进行主观阶层地位与客观阶层地位变量对村民自治参与行为的调节效应检验。

在调节效应的实证检验中，如何避免解释变量之间的多重共线性至关重要。多重共线性主要由解释变量的线性相关或同向变化趋势导致，其会导致解释变量参数估计值的标准误差增加，使模型估计失去准确性，造成变量显著性检验失去意义。在运用多元调节回归模型检验调节效应时，调节变量与自变量乘积交互相的引入，模型中解释变量的相关系数会发生改变，多重共线性问题随之出现。为降低或消除模型中的多重共线性问题，学术界普遍应用解释变量的标准化或者中性化方法进行数据处理。基于此，本书采用对解释变量进行中性化的方法，即将解释变量与其数据集均值的差值纳入具体的模型。参考董维维等学者的研究成果，通过计算解释变量的膨胀因子检验多重共线性程度，发现所有变量的 VIF 值满足小于 10 的评价标准，说明解释变量间的多重共线性问题符合进行回归的要求，可以利用多元调节回归模型进行阶层地位变量对村民自治参与行为的调节效应检验。

6.2.2 检验结果与解释

6.2.2.1 民主选举参与行为的检验结果与解释

利用多元调节回归模型检验阶层地位变量对民主选举参与行为的调节效应，具体的检验结果如表 6-17 所示。调节效应检验结果显示，主观阶层地位变量以及客观阶层地位变量对民主选举参与行为的调节效应均不显著。这说明在村民自治的过程中，阶层地位的高低不会影响农村居民参与意愿向行为的转化。从作用方向来看，农村居民的收入视角阶层地位、主观经济地位认同以及主观社会地位认同对民主选举参与行为的调节效应为负，说明阶层地位在一定程度上有削弱意愿向行为转化的趋势。作为村民自治发展的起点，民主选举是村民自治的核心与基础。当前，伴随着民主选举制度的普及，村委会选举已成惯例，上级政府对于农村地区的选举活动亦格外重视。因而，参与村庄选举在多数农村地区已成为一种硬性规定，而这种动员式的全员参与往往导致不同阶层农村居民的行为选择趋于同质性，阶层地位对民主选举参与行为的调节效应也就不复存在。

表 6-17　阶层地位变量对民主选举参与行为的调节效应检验结果

主观阶层地位的调节效应				客观阶层地位的调节效应			
变量	模型 1	模型 2	模型 3	变量	模型 1	模型 2	模型 3
AD1	0.201*** (0.02)	0.192*** (0.02)	0.408*** (0.05)	AD1	0.201*** (0.02)	0.205*** (0.02)	0.236*** (0.08)
SSS1		0.016 (0.02)	0.148 (0.15)	SSO1		0.034** (0.02)	0.200 (0.15)
SSS2		0.013 (0.01)	0.092 (0.06)	SSO2		−0.010 (0.01)	−0.078 (0.09)
AD1* SSS1			−0.031 (0.03)	SSO3		−0.021 (0.02)	−0.050 (0.09)
AD1* SSS2			−0.019 (0.01)	AD1* SSO1			−0.037 (0.03)
				AD1* SSO2			0.015 (0.02)
				AD1* SSO3			0.007 (0.02)
C	−0.010 (0.11)	−0.122 (0.11)	−1.028 ***(0.26)	C	−0.010 (0.11)	−0.026 (0.12)	−0.170 (0.37)
R^2	0.337	0.347	0.371	R^2	0.337	0.351	0.364

注：*、**、***分别表示 10%、5%、1%的显著性水平；作用系数下方括号内为稳健标准误差。

6.2.2.2　民主决策参与行为的检验结果与解释

利用多元调节回归模型检验阶层地位变量对民主决策参与行为的调节效应，具体的检验结果如表 6-18 所示。数据显示，主观经济阶层地位及客观阶层地位变量对民主决策参与行为的调节效应不显著，主观社会阶层地位对民主决策参与行为的调节效应通过了 99%的显著性检验。这说明在村庄民主决策参与的过程中，农村居民对自身社会地位的认同程度会影响农村居民参与意愿向行为的转化，其他层面的阶层地位变量不发挥作用。从作用方向来看，农村居民的主观社会地位认同对民主决策参与行为的调节效应为负，与研究假设不符，说明农村居民对自身社会地位的评价会削弱参与意愿对行为的促进作用。这或许是由于主观社会阶层地位较低的农村居民出于实现自我价值或提高社会认同的考虑，即使参与意愿不足，依然会做出决策参与行为，加之民主决策在村民自治过程中的发生频率较低，所以，主观社会阶层地位和参与意愿共同对参与行为呈现显著的限制作用。

表 6-18 阶层地位变量对民主决策参与行为的调节效应检验结果

主观阶层地位的调节效应				客观阶层地位的调节效应			
变量	模型 1	模型 2	模型 3	变量	模型 1	模型 2	模型 3
AD2	0.257*** (0.02)	0.243*** (0.03)	0.426*** (0.05)	AD2	0.257*** (0.02)	0.258*** (0.02)	0.174*** (0.09)
SSS1		0.013 (0.03)	−0.060 (0.17)	SSO1		−0.001 (0.02)	−0.018 (0.11)
SSS2		0.014 (0.01)	0.149** (0.06)	SSO2		0.005 (0.01)	−0.069 (0.07)
AD2 * SSS1			0.016 (0.04)	SSO3		−0.007 (0.02)	−0.024 (0.12)
AD2 * SSS2			−0.033** (0.01)	AD2*SSO1			0.004 (0.02)
				AD2*SSO2			0.017 (0.01)
				AD2*SSO3			0.005 (0.03)
C	−0.251** (0.11)	−0.344*** (0.12)	−1.038*** (0.30)	C	−0.251** (0.11)	−0.249* (0.13)	0.100 (0.42)
R^2	0.410	0.417	0.440	R^2	0.410	0.411	0.418

注：*、**、***分别表示10%、5%、1%的显著性水平；作用系数下方括号内为稳健标准误差。

6.2.2.3 民主监督参与行为的检验结果与解释

利用多元调节回归模型检验阶层地位变量对民主监督参与行为的调节效应，具体的检验结果如表 6-19 所示。数据显示，不同于民主选举和民主决策参与行为，客观阶层地位维度的收入阶层地位和教育阶层变量对民主监督参与行为的调节效应显著。同时，主观社会阶层地位对民主监督参与行为的调节效应亦通过了99%的显著性检验，而主观经济阶层地位与职业阶层地位对民主监督参与行为的调节效应不显著。这说明在村庄民主监督参与的过程中，农村居民的收入阶层地位、教育阶层地位以及自身社会地位的认同程度会和参与意愿共同对参与行为发挥作用，其他层面的阶层地位变量不发挥作用。从作用方向来看，农村居民的主观社会地位认同、收入阶层地位以及教育阶层地位对民主监督参与行为的调节效应均为正，说明农村居民的阶层地位越高，其参与意愿对行为的促进作用也就越大，与研究假设一致。民主监督在村民自治过程中具有一定的特殊性，对农村居民的监督意识、能力及素质存在一定的要求，所以在实际的民主监督参与行为决策中，收入较高、受教育程度更高、自我主观社会地位评价越高的农村居民，往往将意愿转化为行为的可能性更高。

表6-19　阶层地位变量对民主监督参与行为的调节效应检验结果

主观阶层地位的调节效应				客观阶层地位的调节效应			
变量	模型1	模型2	模型3	变量	模型1	模型2	模型3
AD3	0.363*** (0.02)	0.339*** (0.02)	−0.221*** (0.05)	AD3	0.363*** (0.02)	0.346*** (0.02)	0.011*** (0.07)
SSS1		0.047* (0.03)	−0.037 (0.08)	SSO1		0.009 (0.02)	−0.151*** (0.06)
SSS2		0.019** (0.01)	−0.200*** (0.03)	SSO2		0.011 (0.01)	−0.001 (0.04)
AD3* SSS1			0.026 (0.02)	SSO3		0.041** (0.02)	−0.193*** (0.07)
AD3* SSS2			0.063*** (0.01)	AD3* SSO1			0.043** (0.02)
				AD3* SSO2			0.003 (0.01)
				AD3* SSO3			0.064*** (0.02)
C	−1.037*** (0.08)	−1.237*** (0.11)	0.655*** (0.23)	C	−1.037*** (0.08)	−1.177*** (0.09)	0.051 (0.22)
R^2	0.498	0.515	0.594	R^2	0.498	0.514	0.544

注：*、**、***分别表示10%、5%、1%的显著性水平；作用系数下方括号内为稳健标准误差。

6.2.2.4　民主管理参与行为的检验结果与解释

利用多元调节回归模型检验阶层地位变量对民主管理参与行为的调节效应，具体的检验结果如表 6-20 所示。数据显示，阶层地位变量对民主管理参与行为的调节效应与上述三类村民自治参与行为存在明显差异，只有主观经济阶层地位对民主管理参与行为的调节效应显著，其他层面的阶层地位变量均不发挥调节效应作用。这说明在村庄民主管理参与的过程中，农村居民对自身经济地位的评价程度会影响农村居民参与意愿向行为的转化。从作用方向来看，农村居民的主观经济阶层地位对民主管理参与行为的调节效应为正，说明农村居民的主观经济阶层地位会增强参与意愿对行为的促进作用。也就是说，农村居民对自我经济地位的评价越高，其在意愿向行为的转化过程中发挥的作用越大。村庄民主管理活动涉及部分村庄内部公益活动，需要农村居民在民主管理的参与过程中承担一定的经济支出，因此当农村居民对自身经济实力较为自信时，其民主管理的参与意愿相对于经济实力评价认同度较低的群体，更容易转化为具体的参与行为。

表 6-20　阶层地位变量对民主管理参与行为的调节效应检验结果

主观阶层地位的调节效应				客观阶层地位的调节效应			
变量	模型 1	模型 2	模型 3	变量	模型 1	模型 2	模型 3
AD4	0.380*** (0.02)	0.382*** (0.02)	0.196*** (0.04)	AD4	0.380*** (0.02)	0.377*** (0.02)	0.216*** (0.04)
SSS1		0.007 (0.02)	−0.240** (0.09)	SSO1		−0.029* (0.02)	−0.117 (0.09)
SSS2		−0.009 (0.01)	−0.001 (0.05)	SSO2		−0.005 (0.01)	−0.028 (0.03)
AD4*SSS1			0.067*** (0.02)	SSO3		0.023 (0.02)	−0.071 (0.07)
AD4*SSS2			−0.002 (0.01)	AD4*SSO1			0.023 (0.02)
				AD4*SSO2			0.005 (0.01)
				AD4*SSO3			0.025 (0.02)
C	−0.949*** (0.07)	−0.916*** (0.09)	−0.248 (0.17)	C	−0.949*** (0.07)	−0.901*** (0.10)	−0.292 (0.19)
R^2	0.706	0.707	0.720	R^2	0.706	0.711	0.721

注：*、**、***分别表示 10%、5%、1%的显著性水平；作用系数下方括号内为稳健标准误差。

6.3 研究假设验证

根据四类村民自治参与行为影响因素的分析，对照模型的研究假设，可以得到研究假设的验证结果，具体的验证结果汇总如表 6-21 所示。

表 6-21 研究假设验证结果

编号	假设	验证结果
H1	个体特征影响农村居民村民自治参与行为	部分成立
H1a	性别影响农村居民村民自治参与行为	仅对民主选举参与行为成立
H1b	年龄影响农村居民村民自治参与行为	对民主选举参与行为不成立
H1c	村干部任职经历影响农村居民村民自治参与行为	成立
H1d	主要收入来源类别影响农村居民村民自治参与行为	对民主监督和民主管理参与行为成立
H2	村庄特征影响农村居民村民自治参与行为	部分成立
H2a	村财收入影响农村居民村民自治参与行为	仅对民主管理参与行为成立
H2b	村庄人口规模影响农村居民村民自治参与行为	对民主决策参与行为不成立
H3	自治认知对农村居民村民自治参与行为态度具有直接正向影响	成立
H4	自治认知对农村居民村民自治知觉行为控制具有直接正向影响	成立
H5	社会资本对农村居民村民自治认知具有直接正向影响	成立
H6	社会资本对农村居民村民自治参与行为态度具有直接正向影响	成立
H7	社会资本对农村居民村民自治主观规范具有直接正向影响	成立
H8	社会资本对农村居民村民自治知觉行为控制具有直接正向影响	成立
H9	社会资本对农村居民村民自治参与意愿具有直接正向影响	成立
H10	行为态度对农村居民村民自治参与意愿具有直接正向影响	不成立

续表

编号	假设	验证结果
H11	知觉行为控制对农村居民村民自治参与意愿具有直接正向影响	不成立
H12	主观规范对农村居民村民自治参与行为具有直接正向影响	仅对民主选举参与行为成立
H13	知觉行为控制对农村居民村民自治参与行为具有直接正向影响	对民主决策和民主监督参与行为成立
H14	参与意愿对农村居民村民自治参与行为具有直接正向影响	成立
H15	客观阶层地位对参与意愿——村民自治参与行为关系具有调节效应	部分成立
H15a	收入阶层地位对参与意愿——村民自治参与行为关系具有调节效应	仅对民主监督参与行为成立
H15b	职业阶层地位对参与意愿——村民自治参与行为关系具有调节效应	不成立
H15c	教育阶层地位对参与意愿——村民自治参与行为关系具有调节效应	仅对民主监督参与行为成立
H16	主观阶层地位对参与意愿——村民自治参与行为关系具有调节效应	部分成立
H16a	主观经济阶层地位对参与意愿——村民自治参与行为关系具有调节效应	仅对民主管理参与行为成立
H16b	主观社会阶层地位对参与意愿——村民自治参与行为关系具有调节效应	对民主决策和民主监督参与行为成立

进一步分析研究假设的验证结果，可以得到以下结论：第一，个体特征影响农村居民村民自治参与行为的研究假设得到验证。其中，性别仅对民主选举参与行为产生影响；年龄对民主决策参与行为、民主监督参与行为及民主管理参与行为产生影响；村干部任职经历会影响所有类别的村民自治参与行为；主要收入来源类别对民主监督参与行为和民主管理参与行为产生影响。第二，村庄特征影响农村居民的村民自治参与行为的研究假设得到验证。其中，村庄财政收入规模仅对民主管理参与行为产生影响；村庄人口规模对民主选举参与行为、民主监督参与行为及民主管理参与行为具有显著影响。第三，自治认知与社会资本的影响效应得到证实。其中，社会资本会直接影响自治认知、村民自治参与行为态度、主观规范及知觉行为控制；自治认知会影响村民自治参与行为态度和知觉行为控制。第四，部分心理认知变量对农村居民村民自治参与意

愿及行为具有显著影响的假设得到假设。其中，主观规范可以提高民主选举的参与水平；知觉行为控制对民主决策参与行为和民主监督参与行为的选择具有促进作用。第五，部分阶层地位变量对参与意愿——村民自治参与行为关系的调节效应得到证实。其中，客观维度的职业阶层地位对参与意愿——村民自治参与行为关系不具有显著的调节效应，其他阶层地位变量分别对不同类别的参与意愿——村民自治参与行为关系发挥明显的调节作用。

6.4 小　结

基于前文构建的村民自治参与行为影响机理模型及研究假设，设计出村民自治参与行为的结构模型路径图。根据村民自治参与行为的维度分类，设计得到四种相应的模型路径图。从四种模型的验证性因素分析及整体适配度检验结果来看，各类别村民自治参与行为测量模型的质量较好，且未违反辨认规则，理论模型与实际数据可以契合。

进一步对结构方程模型的影响路径结果进行分析，发现各模型中社会资本对心理认知变量、社会资本对自治认知及参与意愿、自治认知对其他心理认知变量、参与意愿对行为的影响均显著，其中社会资本对心理认知变量的作用力度较大。各类别村民自治参与行为的心理认知影响因素存在差异，主观规范对民主选举参与行为的影响较大，知觉行为控制对民主决策参与行为及民主监督参与行为的影响较为突出，心理认知因素对民主管理参与行为不发挥直接作用。心理认知因素对村民自治参与行为发挥间接影响效应，其中知觉行为控制对民主选举参与行为、民主决策参与行为、民主管理参与行为具有限制作用，对民主监督参与行为具有促进作用；行为态度对民主选举参与行为、民主监督参与行为、民主管理参与行为的作用方向为负，对民主决策参与行为的作用方向为正。社会资本对各维度的村民自治参与行为具有较大程度的正向促进作用。

根据对阶层地位在参与意愿转化为行为过程中调节效应的检验结果分析，可以发现参与意愿转化为民主选举参与行为的过程中，阶层地位不发挥作用；在其他条件不变的前提下，随着主观社会阶层地位的提高，参与意愿转化为民主决策参与行为的可能性会随之降低；主观社会阶层地位、收入阶层地位以及教育阶层地位均在参与意愿转化为民主监督参与行为的过程中发挥正向促进作用；主观经济阶层地位会增强参与意愿向民主管理参与行为的转化。

7 农村居民参与村民自治的行为影响因素比较分析

通过前文对各类别村民自治参与行为影响因素的分析，我们可以发现不同类别村民自治参与行为的影响因素存在着显著的差异。在村民自治的过程中，每种类别的村民自治参与行为都具有各自的特殊性，因此，为了有针对性地促进村民自治参与，有必要结合设定模型，根据不同类别村民自治参与行为研究假设的验证结果，对农村居民参与村民自治的行为影响因素进行对比，寻找具体的影响逻辑，以期为村民自治的有效开展提供切实、有效的参考。

7.1 模型拟合指标比较

将四类村民自治参与行为结构方程模型的拟合度指标进行整理归纳，形成表 7-1，进一步分析不同类别村民自治参与行为模型的拟合度优劣情况。

表 7-1 不同类别村民自治参与行为模型拟合度指标比较

模型	绝对适配度指数			增值适配度指数					
	RMSEA	GFI	AGFI	NFI	RFI	IFL	TLI	CFI	X^2/df
选举	0.050	0.897	0.871	0.967	0.962	0.984	0.982	0.984	1.874
决策	0.053	0.891	0.864	0.965	0.960	0.982	0.980	0.982	1.979
监督	0.050	0.896	0.870	0.967	0.961	0.984	0.982	0.984	1.886
管理	0.053	0.892	0.864	0.966	0.960	0.983	0.980	0.983	1.983
模型	简约适配度指数					
	PCFI	PNFI	PGFI	CN	AIC	CAIC
选举	0.844	0.829	0.714	213	718.2,756.0,17148.8	1092.4,2593.4,17280.0

续表

模型	简约适配度指数					
	PCFI	PNFI	PGFI	CN	AIC	CAIC
决策	0.845	0.830	0.712	213	749.7,756.0,17239.1	1119.1,2593.4,17370.3
监督	0.844	0.829	0.714	212	718.2,756.0,17223.1	1096.0,2593.4,17354.3
管理	0.843	0.828	0.710	201	750.8,756.0,17565.1	1125.1,2593.4,17696.3

从表 7-1 中各类模型拟合度指标的对比情况来看，民主选举参与行为模型的适配情况最佳，民主决策参与行为模型和民主管理参与行为模型的拟合度情况较为相似，且均略差于民主选举参与行为模型和民主监督参与行为模型，但根据前文对各模型适配度指数与临界值之间的比较可以看出，所有模型的检验结果均较为理想，因此，基于农村居民的心理认知层面，对村民自治参与行为影响因素的结构方程模型设定较为合理，能够真实、有效地反映变量间的内在逻辑关系。

7.2 模型影响路径比较

根据不同类别村民自治参与行为模型的检验结果，比较模型中影响路径系数的绝对值大小，以体现各因素对各种村民自治参与行为的直接影响程度。将各类别村民自治参与行为模型的路径系数归纳整理，结果如表 7-2 所示。

表 7-2 不同类别村民自治参与行为模型影响路径比较

影响路径	选举参与行为模型	决策参与行为模型	监督参与行为模型	管理参与行为模型
自治认知直接正向影响行为态度	0.353**	0.412**	0.353**	0.365**
自治认知直接正向影响知觉行为控制	0.099*	0.138**	0.095*	0.108*
社会资本直接正向影响自治认知	0.675**	0.637**	0.679**	0.660**
社会资本直接正向影响行为态度	0.467**	0.402**	0.464**	0.459**
社会资本直接正向影响主观规范	0.877**	0.840**	0.884**	0.882**
社会资本直接正向影响知觉行为控制	0.765**	0.637**	0.770**	0.761**
社会资本直接正向影响村民自治参与意愿	0.678**	0.489**	0.400**	0.767**

续表

影响路径	选举参与行为模型	决策参与行为模型	监督参与行为模型	管理参与行为模型
行为态度直接正向影响村民自治参与意愿	−0.099	0.098	−0.017	−0.085
知觉行为控制直接正向影响村民自治参与意愿	−0.069	−0.007	0.105	−0.008
主观规范直接正向影响村民自治参与行为	0.299**	0.103	0.073	0.102
知觉行为控制直接正向影响村民自治参与行为	0.013	0.245**	0.155*	0.021
参与意愿直接正向影响村民自治参与行为	0.439**	0.486**	0.609**	0.765**

注：*、**分别表示通过95%、99%的显著性检验。

根据模型设定的影响路径，结合各模型实际的检验结果，可以发现：各模型影响路径的显著性情况大体一致，但部分路径存在明显的差异，行为态度与知觉行为控制对村民自治参与意愿的影响在各模型中均未达到95%的显著性水平；主观规范对村民自治参与行为的影响仅在民主选举参与行为模型中显著；知觉行为控制对村民自治参与行为的影响效应在民主决策参与行为模型和民主监督参与行为模型中得到验证。从各模型中未实现显著性检验的影响路径的作用方向来看，行为态度在民主决策参与行为模型中对村民自治参与意愿具有正向影响趋势，而在其他模型中则具有负向影响趋势；知觉行为控制在民主监督参与行为模型中对村民自治参与意愿具有正向影响趋势，而在其他模型中则具有负向影响趋势。总体来说，在不同类别的村民自治参与行为模型中，农村居民的参与过程会略有不同，最直观的反映就是影响路径的差异性。

接下来，本书将根据表7-2中各模型影响路径的标准化系数，结合前文对村民自治参与行为的分析，进一步比较不同类别村民自治参与行为的影响因素差异。

7.3 不同类别村民自治参与行为影响效应的比较

7.3.1 个体特征视角的影响效应对比

从个体特征对村民自治参与行为的影响效应来看，不同类别的村民自治参与行为存在明显的差异。首先，性别只对民主选举参与行为的影响显著，对民主决策、民主监督和民主管理参与行为的影响均不显著。之所以会出现这种状况，有观点认为，伴随着农村剩余劳动力向城市转移，农村留守人员主要是妇女、老人和儿童，而在村民自治活动中，选举活动具有特殊的地位，出于民主选举动员的影响，只有进行民主选举活动时，男性才会返乡参与，对民主决策、民主管理及民主监督的消极参与弱化了与女性的差距。还有观点认为，随着女性地位的提高，留守妇女对民主决策、民主管理及民主监督的参与积极性会适当增加。叶敬忠、吴慧芳对安徽、四川等五省留守妇女的实地调查报告展示了农村留守妇女在新农村建设中实现管理民主所发挥的作用。虽然男性外出务工在一定程度上提高了农村留守妇女对村庄公共事务管理的参与程度，但是，农村留守妇女的民主选举参与程度仍然是“形式”多于“内容”。

其次，年龄对不同类别村民自治参与行为的影响具有明显差异。年龄差异不会对民主选举参与行为产生影响，可见在民主选举的过程中，各年龄段农村居民的行为选择具有一致性。而在民主决策过程中，18～44 岁的农村居民参与率要明显高于 60 岁及以上的农村居民，这一点通过以往研究可以得到验证。农村老龄化群体由于长期生活在农村，受传统思想影响更深，许多人都对参与农村基层民主政治持观望和怀疑态度。在民主监督的过程中，60 岁及以上的农村居民参与率明显高于 45～59 岁的农村居民，主要是由于相对于 45～59 岁的农村居民，60 岁及以上的农村居民拥有更多的闲暇时间，老年团体的形成也有助于其群体的日常监督参与。在民主管理的过程中，年龄较大的群体参与率要明显高于 18～30 岁的农村居民，这种状况主要是由于相对于其他群体，年轻一代农民的村庄归属感相应降低，为村庄贡献力量的积极性相对不足。

再次，村干部任职经历对各类别村民自治参与行为的影响均显著，并不存在类别上的差异。这说明，担任过村干部的农村居民在以往村庄管理的工作中积累了大量的村民自治经验，参与意识亦相应提高，基于此，在民主选举、民主决策、民主监督和民主管理的过程中，参与率要明显高于其他居民。从群体间差距来看，担任过村干部的农村居民在民主监督和民主管理两个方面的参与水平与其他群体的差距更高。

最后，主要收入来源类别会对民主监督参与行为和民主管理参与行为产生一定的影响，但对民主选举参与行为和民主决策参与行为的影响不显著。这主要是因为不同的收入来源类别，可以在一定程度上反映出农村居民的收入水平与工作状况。参与民主选举和民主决策由于不需要付出成本，且举行频率较低，因而各群体之间的差异并不明显，但参与民主管理和民主监督需要一定的物质付出或时间成本，因此，会呈现出不同收入来源类别的差异。

综上所述，个体特征对村民自治参与行为的影响效应存在行为类别上的差异。

7.3.2　村庄特征视角的影响效应对比

村庄特征对村民自治参与行为的影响效应亦具有明显的行为类别差异。首先，村财规模只对民主管理参与行为的影响显著，说明村财收入的多寡对于农村居民的民主选举、民主决策及民主监督参与水平并没有发挥作用，但对涉及资金支出的民主管理参与行为具有明显的影响。当村财收入较多时，农村居民的民主管理参与水平相对较低，这主要是村财收入较多时，农村居民本能地认为村集体有能力支付村庄所需的建设费用，对于村庄建设的投资意愿相应较小。其次，村庄人口规模会对民主选举参与行为、民主监督参与行为以及民主管理参与行为产生一定程度的影响，对民主决策参与行为的影响不显著。在村民自治的过程中，人口规模较小的村庄民主选举参与率要明显高于中等规模的村庄；民主监督的参与率随着村庄人口规模的增长呈现明显的减少趋势；而民主管理的参与情况则是人口规模较大的村庄更优。

7.3.3　心理认知变量的影响效应对比

从不同类别村民自治参与行为模型的影响路径来看，各行为的显著性差异较小，在具体的作用力度上呈现出较大的差异。在自治认知对行为态度的影响路径方面，民主选举参与行为模型和民主监督参与行为模型具有相同的作用力度，民主决策参与行为模型中的作用力度最高，为 0.412，其次为民主管理参与行为模型，说明在民主决策过程中，自治认知对行为态度的影响程度最高。在自治认知对知觉行为控制的影响路径方面，四种模型中，较高的依然是民主决策参与行为模型和民主管理参与行为模型，民主选举参与行为模型和民主监督参与行为模型中的作用力度相差不大，二者的作用力度均较小，说明提高农村居民对村民自治内容及程序的了解程度更容易对民主决策和民主管理参与的心理认知水平提升产生促进作用。

在社会资本对自治认知的影响路径方面，按照作用力度的大小进行排序分别为民主监督参与行为模型、民主选举参与行为模型、民主管理参与行为模型、民主决策参与行为模型。可见，在民主决策过程中，社会资本对村民自治认知水平的正向促进作用明显较小。在社会资本对行为态度的影响路径方面，民主选举参与行为模型中社会资本对行为态度的直接正向促进作用最大，民主决策参与行为模型中的作用力度最小，作用力度在四个模型中的排序与自治认知—行为态度影响路径正好相反。在社会资本对主观规范的影响路径方面，四个模型中的作用力度均相对较大，其中最高的为民主监督参与行为模型，其次为民主管理参与行为模型，四个模型中的作用力度差异相对较小。在社会资本对知觉行为控制的影响路径方面，作用力度在模型中的排序与社会资本—自治认知影响路径相同。在民主决策过程中，社会资本对农村居民的自治参与能力、条件感知水平的影响力度相对较小。在社会资本对村民自治参与意愿的影响路径方面，各模型之间该路径的差异较为明显。民主选举参与行为模型和民主管理参与行为模型中该路径的作用力度较大，分别为0.678和0.767；民主决策参与行为模型和民主监督参与行为模型中该路径的作用力度明显较小，分别为0.489和0.400。这说明在民主选举和民主监督过程中，社会资本对于激发农村居民的村民自治参与热情的作用更突出。

行为态度与知觉行为控制虽然对村民自治参与意愿的影响不显著，但从作用方向来看，各类别村民自治参与行为的差异仍较为明显。在行为态度对村民自治参与意愿的影响路径方面，该路径只在民主决策参与行为模型中的作用方向为正，与原假设存在较大出入，在今后的研究中有待进一步验证。在知觉行为控制对村民自治参与意愿的影响路径方面，作用方向与原假设亦不符合，只有在民主监督参与行为模型中，知觉行为控制对参与意愿才具有正向促进趋势。在主观规范对村民自治参与行为的影响路径方面，该路径在民主选举参与行为模型中的作用力度最大，且通过了99%的显著性检验，是唯一通过检验的村民自治参与行为模型，说明重要他人及机构对农村居民参与村民自治正向促进作用只在民主选举的过程中得到体现。在知觉行为控制对村民自治参与行为的影响路径方面，二者的作用关系在民主决策参与行为模型和民主监督参与行为模型中通过了显著性检验，且作用力度明显高于其他模型，说明个体对自我能力等方面的积极评价有助于激发农村居民参与民主决策和民主监督。在参与意愿对村民自治参与行为的影响路径方面，民主监督参与行为模型和民主管理参与行为模型中的路径作用力度明显高于民主选举参与行为模型和民主决策参与行为模型，说明在民主监督和民主管理的过程中，意愿对行为的正向促进作用更加突出。

7.3.4 阶层地位视角的影响效应对比

对比阶层地位对村民自治参与行为的调节效应检验结果可以发现，阶层地位在参与意愿—民主选举参与行为的关系中并不发挥调节效应。主观社会阶层地位在参与意愿—民主决策参与行为及参与意愿—民主监督参与行为的关系中均发挥调节效应，但调节的作用方向却是相反的，主观社会阶层地位会减弱参与意愿对民主决策参与行为的正向促进作用，增强参与意愿对民主监督参与行为的正向促进作用，这也从侧面反映出在村民自治的过程中，民主决策和民主监督参与存在较大的差异。阶层地位对参与意愿—民主监督参与行为关系的调节效应最复杂，主观社会阶层地位、收入阶层地位以及教育阶层地位均对参与意愿—民主监督参与行为关系具有正向调节效应，说明客观阶层地位会在一定程度上增强参与意愿对民主监督参与行为的正向促进作用，收入水平越高、受教育程度越高的农村居民群体，其参与意愿转化为民主监督参与行为的可能性越高。主观收入阶层地位对参与意愿—民主管理参与行为关系发挥正向的调节效应，农村居民对自身经济地位的评价越高，其在民主管理的过程中将参与意愿转化为参与行为的可能性越大。总体来看，在村民自治中，主观阶层地位的调节效应覆盖面更广，客观阶层地位只在参与意愿—民主监督参与行为关系中发挥调节作用。

7.4　小　结

从四种村民自治参与行为模型的拟合指标与影响路径比较来看，各模型的适配程度大体一致，各模型中多数影响路径相互吻合，且验证了理论模型中的研究假设。从群体特征、心理认知因素及阶层地位等角度对比各类别村民自治参与行为的影响因素可以发现，个体特征、村庄特征对村民自治参与行为的影响效应存在行为类别上的差异，其中性别、村干部任职经历及村庄人口规模对民主选举参与行为影响显著，年龄、村干部任职经历对民主决策参与行为影响显著，年龄、村干部任职经历、主要收入来源类别、村庄人口规模对民主监督参与行为及民主管理参与行为影响显著，村财收入规模仅对民主管理参与行为产生影响。在心理认知因素方面，各变量对不同维度村民自治参与行为的作用力度差异明显，重要他人及机构对农村居民参与村民自治行为的正向促进作用只体现在民主选举的过程中，个体对自我能力等方面的积极评价有助于激发农村居民参与民主决策和民主监督。在阶层地位的调节效应方面，阶层地位在民主监督参与意愿转化为参与行为的过程中发挥的促进作用最大，会在一定程度上降低民主决策参与意愿转化为参与行为的可能性。

8 研究结论与对策建议

8.1 研究结论

本书在总结过往研究成果的基础上，借鉴计划行为理论构建村民自治参与行为影响机理的基础理论模型，结合社会资本与社会分层理论对理论模型进行扩展，加入社会资本、阶层地位、自治认知及群体特征等变量形成最终的综合模型。运用计划行为理论的变量测量方法对村民自治参与行为展开实质性研究，基于开放式问卷分析，搜寻凸显信念，辅之变量操作性定义与文献梳理，设计完成研究变量的测量量表，并利用随机分层抽样进行数据收集。随后，基于对村民自治参与现状的描述性统计，总结归纳村民自治参与行为的基本特征，并分析农村居民个体特征、村庄特征以及阶层地位等方面对各类别村民自治参与行为的影响。进一步运用结构方程模型对村民自治参与行为的心理认知影响机理进行验证分析，同时运用多元线性回归方法检验阶层地位在不同类别村民自治参与行为转化过程中的调节效应。最后，分别从模型的拟合指标、影响路径、影响效应等方面对四种村民自治参与行为的影响因素进行对比分析。

总结本书的研究工作，所得主要研究结论如下：

第一，在村民自治过程中，各类别村民自治的参与意愿强度普遍处于一般水平以上，相互之间的差别较小。农村居民的民主选举和民主决策参与率要明显高于民主管理和民主监督的参与率，其中民主选举和民主决策的参与率高于80%；民主管理的参与率略高于50%；而民主监督的参与率不足1/3。农村居民对村民自治的总体认知水平、行为态度得分、知觉行为控制水平以及主观规范水平均处于及格水平线以上，说明农村居民对村民自治的内容及具体流程大体了解，能够正确认识参与村民自治的积极结果，周围重要他人与机构对其村民自治参与行为具有一定的促进影响，外界干扰因素对农村居民的村民自治参与行为的限制作用较小。农村居民的整体社会资本水平较高，部分层面略有差异，其中社会信任水平最高；除客观维度的职业阶层地位分布以外，农村居民其他层面的阶层地位均符合正态分布。

第二，个体特征及村庄特征对村民自治参与行为具有显著影响。具体来看，男性在民主选举过程中的参与程度更高；年龄处于18～44岁的农村居民比老年人群体具有更高的民主决策参与率，18～30岁的农村居民比45岁以上群体的民主管理参与程度低；具有村干部任职经历的农村居民在各维度的村民自治参与中均呈现出更高参与程度；外出务工的农村居民在民主监督和民主管理参与上均呈现出较低的参与情况；随着村财规模的增加，农村居民的民主管理参与率总体呈现先降后升的趋势；小规模村庄的农村居民民主选举参与率要明显高于较大规模的村庄，当村庄规模处于2000人以上，其内部农村居民的民主监督参与程度很低，村庄规模较小或过大均不利于农村居民的民主管理参与。

第三，利用结构方程模型分析心理认知因素对村民自治参与行为的影响，发现各模型中社会资本对心理认知变量、社会资本对自治认知及参与意愿、自治认知对心理认知变量、参与意愿对行为的影响均显著，其中社会资本对心理认知变量的作用力度较大；各类别村民自治参与行为的心理认知影响因素存在差异，主观规范对民主选举参与行为的影响较大，知觉行为控制对民主决策参与行为及民主监督参与行为的影响较为突出，心理认知因素对民主管理参与行为不发挥作用，即身边重要他人及机构的支持有助于农村居民参与民主选举活动，对自身村民自治参与能力的积极评价能够促进民主决策参与行为和民主监督参与行为的做出。

第四，利用多元线性回归检验阶层地位对村民自治参与行为转化的调节效应，发现在民主选举参与意愿转化为参与行为的过程中，阶层地位不发挥调节作用；在其他条件不变的前提下，随着主观社会阶层地位的提高，民主决策参与意愿转化为参与行为的可能性会随之降低；主观社会阶层地位、收入阶层地位以及教育阶层地位均在民主监督参与意愿转化为参与行为的过程中发挥正向调节作用；主观经济阶层地位会增强民主管理参与意愿转化为参与行为的促进作用。

第五，通过对比民主选举参与行为、民主决策参与行为、民主监督参与行为及民主管理参与行为的影响因素，可以发现个体特征及村庄特征对各类别村民自治参与行为的影响存在差异；心理认知因素对民主决策参与行为和民主监督参与行为的影响逻辑较为接近，对民主选举参与行为和民主管理参与行为的影响逻辑较为相似，各变量对不同维度村民自治参与行为的作用力度差异明显；阶层地位对民主选举参与意愿向参与行为的转化不发挥调节作用，对民主监督参与行为转化的正向调节作用最高，会在一定程度上限制民主决策参与意愿向参与行为的转化。

8.2 对策建议

基于上文对村民自治参与情况的总结，本书得到以下启示：

一是促进村民自治各维度的均衡发展。从村民自治的整体参与情况来看，农村居民的民主管理和民主监督参与水平较低，与民主选举和民主决策的参与水平差距较大。因此，在具体的村民自治工作推进过程中，应该重点关注农村居民参与情况差异的产生原因，将民主管理和民主监督放在与民主选举同等位置，明确民主管理和民主监督的具体内容和参与程序。具体来看，在促进民主管理方面，要提升农村居民在民主管理实践中的合作水平，消除其“搭便车”心理，培养农村居民的公共精神与合作意识；制定规范的村庄民主管理方案，使农村居民了解民主管理的参与价值，培育其积极的民主管理参与态度。在民主监督方面，指导农村居民自发成立村庄监督小组，推选村庄监督代表，明确监督小组的工作职责与功能定位，规范村务公开的程序与方式，拓宽村庄监督的参与渠道；同时做好监督小组对农村居民的参与动员工作，并制定村民监督参与指导手册，向农村居民传递正确的参与观念，保障其民主监督的参与权利。村民自治各维度的不均衡发展与各维度的参与难度有重要关系，因此在村民自治制度推进的过程中，想方设法地降低民主管理和民主监督的参与难度，为农村居民的实际参与创造条件。

二是关注重点人群的村民自治参与，实行多元化的参与激励措施。在女性群体方面，在现有条件下，加强对女性农村居民的政治动员与培训，唤醒女性农村居民参与村民自治的热情，增强她们的主体意识和权利意识。此外要关注女性农村居民的村民自治参与权利问题，提高其社会地位，使女性农村居民进一步融入农村政治生活，在村民自治中发挥更大作用。在不同年龄群体方面，青年农村居民是村民自治的重要力量，是农村民主自治体系中最富活力的资源，要对青年农村居民进行引导，让他们了解农村、热爱农村，为他们留在农村创造条件，减少青年农村居民参与村民自治的代价感，提高其参与的责任意识、功效意识。具体而言，可以采取多样化的参与形式鼓励青年群体参与村民自治，组建以青年群体为主的农村社会组织，提升其村民自治参与能力，创新教育培训机制，激发青年农村居民的内在参与动力。农村居民中的老年人群体在农村民主发展与政治现代化进程中扮演着重要角色。在民主决策过程中，要激励老年人群体积极参与，重视老年人在村民自治过程中的意见建议，使其获得较高的参与热情，积极引导老年人群体为农村政治体系注入更多的政治经验成分，发挥其在民主监督方面的重要作用。根据前文分析，外出务工的农村居民在村民自治参与过程中处于边缘化状态。各级组织要给外出务工农村居民参与村民自治提供各种机会和条件，如把民主评议、民主选举等事务安排在春节期间，建立外出务工人员协会，推进其组织化，通过组织教育与培训，反映其意见与建议，增强外出务工农村居民的村民自治效能感及参与意识。

三是加强村民自治的宣传动员，提升农村居民的心理认知水平。村民自治的心理认知是农村居民对其参与能力、条件及结果等方面的综合评价，对实际行为的做出具有决定性作用。因此，在村民自治的过程中，村两委、媒体及政府应该重视农村居民的参与反馈，发挥村委会及合作社等组织的作用，让农村居民感受到积极的参与氛围，消除其参与顾虑，塑造良好的村民自治参与环境。通过多种手段宣传村民自治的内容及流程，通过印制宣传手册、张贴公告栏的形式，提高农村居民的村民自治认知水平，让他们了解其在村民自治中的重要作用，提升农村居民的村民自治心理认知水平，增加参与自信；加强村庄政治文化建设，提升农村居民的民主参与意识。鼓励重要他人对农村居民进行参与游说。各村庄应该树立具有高参与意愿及能力的农村居民榜样，发挥具有村干部任职经历群体对周围人的辐射作用，通过“一带多”的形式，增强农村居民的参与水平。此外，根据不同维度村民自治参与行为心理认知层面的影响逻辑特点，突出心理认知水平的提升重点；在民主选举过程中，关注社会支持对农村居民心理认知水平提升的促进作用，发挥家庭、村两委、媒体等机构对农村居民参与村民自治的积极影响；在民主决策和监督过程中，努力消除农村居民的参与障碍，拓宽其参与渠道与条件，增强其参与效能感。

四是加大对村民自治组织的支持力度，发挥社会资本的促进作用。实证检验表明，社会资本在提高村民自治认知水平、促进农村居民积极参与情绪的产生及提高农村居民知觉行为控制感等方面具有重要作用。要发挥村规民约在促进农村居民互惠合作、维护社会秩序稳定等方面的积极作用，村规民约的具体规定条款要体现村庄内部相互合作、共享、信任的公共意识。鼓励农村居民在村民自治过程中相互交流，建立村庄社会信任长效机制。作为中国公民社会主体之一的村民自治组织，是带动农村居民参与村民自治、提升社会资本存量的有效手段。因此，政府要加强对农村地区村民自治组织的支持力度，鼓励农村居民自发成立合作社、老年人社团、农民工协会等相关组织，发挥其组织力量，促进组织对村民自治的宣传与带动作用，避免农村居民参与村民自治过程中的附属行政化倾向。

五是提高村民自治的经济、教育等基础条件。通过阶层地位的调节效应检验可以看出，阶层地位较高的农村居民对村民自治参与的响应程度更高。因此，在具体的村民自治实践中，积极发展乡村经济，依靠乡村振兴战略，为村民自治创造良好的经济基础。关注弱势群体的村民自治情况，落实精准扶贫、教育扶贫政策，实行一对一帮扶的策略，对贫困户等困难群体施行村民自治参与帮扶政策，关注他们的心理诉求，鼓励其在村民自治中发挥作用。同时，应该进行村民自治的相关教育培训，通过培训班、宣传讲座的形式，让农村居民明晰村民自治的相关内容，并结合具体案例，掌握村民自治参与的基本技能。最后，借助互联网等大众媒体的作用，鼓励农村居民进行网络学习，培养其公民意识、权利意识，加强村民自治教育的推广力度，提升农村居民的村民自治参与能力。

8.3 研究局限与展望

本书借助已有研究成果与相关理论基础，构建了村民自治参与行为的理论模型，利用计划行为理论的变量测量方法对研究变量进行量表设计，并通过随机分层抽样对山东省进行数据收集，将村民自治参与行为细分为四个维度，分别实证分析个体特征、村庄特征及心理认知因素对村民自治参与行为的影响机理，检验阶层地位对各维度村民自治参与意愿转化为参与行为的调节效应，最后进行各类别村民自治参与行为影响因素的对比分析。本书在丰富村民自治参与行为研究理论及拓展村民自治研究视角等方面取得了一定的进展，但在变量筛选、样本代表性及理论分析等方面还存在不足，在明确研究缺陷的基础上，进一步提出相应的改进之处，具体包括以下几个方面：

第一，在变量的筛选方面，明确村民自治参与行为的影响机理是一项复杂的工作，在选取影响村民自治参与行为变量的过程中，虽然将农村居民的个体特征、村庄特征、心理因素、社会资本、阶层地位等变量纳入理论模型中，但忽视了政策、文化背景等因素对村民自治参与行为的影响。在今后的研究中，有必要进一步分析民主政策普及地区传统文化变量对村民自治参与行为的影响逻辑。

第二，研究样本的代表性稍显不足。由于人力、财力等因素的限制，本书的数据调查仅限于山东省，而村民自治参与的特点及整体发展情况存在省域间的差异性，针对具体省份的数据分析不足以体现我国的总体情况。因此，在今后的研究中，应该针对当前我国各地区经济、政治、文化等方面的差异，结合各地区村民自治的发展情况，对各省份进行分类，并采用随机分层抽样的方法进行数据收集，以保证调查样本的代表性。

第三，对村民自治参与行为相关理论的理解与分析有待强化。本书在对村民自治参与现状描述性统计及参与行为影响因素的分析中涉及了大量的表格与数据，由于知识储备的局限，对数据背后内涵的分析与表述有待深化，部分章节的理论诠释不够透彻。在接下来的研究中，应该在总结相关研究的基础上，加强语言叙述的学术性，增强村民自治相关理论的研究功底。

主要参考文献

一、著作

1. 陈其昂. 社会学概论[M]. 银川：宁夏人民出版社，2001.

2. 董泽芳. 教育社会学[M]. 上海：华东师范大学出版社，1990.

3. 何包钢，郎友兴. 寻找民主与权威的平衡[M]. 武汉：华中师范大学出版社，2002.

4. 贾春增. 外国社会学史[M]. 北京：中国人民大学出版社，2000.

5. 李路路，孙志祥. 透视不平等——国外社会阶层理论[M]. 北京：社会科学文献出版社，2002.

6. 李培林，李强，孙立平，等. 中国社会分层[M]. 北京：社会科学文献出版社，2004.

7. 李强. 当代中国社会分层与流动[M]. 北京：中国经济出版社，1993.

8. 李芹. 社会学概论[M]. 济南：山东大学出版社，2003.

9. 李宇征. 中国政治现代化进程中的农村社会资本书[M]. 天津：南开大学出版社，2017.

10. 刘祖云，田北海，戴洁. 转型期的中国社会分层：从理论到现实的探讨[M]. 武汉：湖北人民出版社，2009.

11. 陆学艺. 当代中国社会阶层研究报告[M]. 北京：社会科学文献出版社，2002.

12. 陆学艺. 当代中国社会结构[M]. 北京：社会科学文献出版社，2010.

13. 孙立平. 社会学导论[M]. 北京：首都经济贸易大学出版社，2002.

14. 王道坤. 村民自治的多视角研究[M]. 成都：四川大学出版社，2007.

15. 吴增基，吴鹏森，苏振芳. 现代社会学[M]. 上海：上海人民出版社，2005.

16. 谢维和. 教育活动的社会学分析[M]. 北京：教育科学出版社，2001.

17. 杨继绳. 当代中国社会阶层分析[M]. 南昌：江西高校出版社，2011.

18. 易益典，周拱熹. 社会学教程[M]. 上海：上海人民出版社，2003.

19. 于建嵘. 岳村政治[M]. 北京：商务印书馆，2001.

20. 于语和. 村民自治法律制度研究[M]. 天津：天津社会科学院出版社，2006.

21. 张敦福. 现代社会学教程[M]. 北京：高等教育出版社，2004.

22. 张瑞敏. 执政新理念——从阶层和谐走向社会和谐[M]. 北京：人民出版社，2010.

23. 郑杭生. 社会学概论新修[M]. 北京：中国人民大学出版社，2003.

24. [美]弗朗西斯·福山. 信任：社会美德与创造经济繁荣[M]. 郭华，译. 海口：海南出版社，2001.

25. [美]詹姆斯·科尔曼. 社会理论的基础：上[M]. 邓方，译. 北京：社会科学文献出版社，1999.

26. [英]罗伯特·帕特南. 使民主运转起来[M]. 王列，等译. 南昌：江西人民出版社，2001.

27. [法]皮埃尔·布迪厄. 文化资本与社会炼金术[M]. 包亚明译. 上海：上海人民出版社，1997.

二、论文

1. 蔡荣，蔡书凯. 农业生产环节外包实证研究——基于安徽省水稻主产区的调查[J]. 农业技术经济，2014(4)：34-42.

2. 蔡新燕. 论我国社会资本积累与公民政策参与的良性互动[J]. 理论导刊，2008(2)：50-53.

3. 陈怀中，刘霞. 浅述计划行为理论及其变量内涵的新发展[J]. 科教文汇(下旬刊)，2008(10)：286.

4. 陈向军，徐鹏皇. 村民自治中村民政治参与探讨——基于利益与利益机制的视角[J]. 宁夏社会科学，2014(1)：9-14.

5. 陈玉洁. 农民政治参与的文献综述[J]. 中共乐山市委党校学报，2012，14(1)：66-67，71.

6. 崔智友. 中国村民自治的法学思考[J]. 中国社会科学，2001(3)：129-140，206-207.

7. 党国印. “村民自治”是民主政治的起点吗？[J]. 战略与管理，1999(1)：88-96.

8. 邓凌. 当代中国社会转型中的阶层分化[J]. 中央社会主义学院学报, 2011(2):68-72.

9. 翟宇婷,谭小波. 村民自治中的农民政治参与分析——基于山西省忻州市安邑村的调查[J]. 中共山西省委党校学报,2014,37(3):108-110.

10. 董进才. 专业合作社农民政治参与状况分析——基于浙江省示范合作社的调查[J]. 农业经济问题,2009,30(9):45-51.

11. 傅熠华. 利用多元线性回归对农民政治参与进行分析预测——基于全国 272 个村庄 3993 份问卷的调查[J]. 国家行政学院学报,2014(2):54-59.

12. 高腾飞,王智明,颜勇,方玉媚. 系统科学视阈下农村基层村民自治中"四个民主"的关系探讨[J]. 系统科学学报,2012,20(3):66-70.

13. 郭夏娟. 两性政治参与的同与异——从女性主义角度看浙江农村的村民自治[J]. 开放时代,2003(4):95-105.

14. 郭正林. 当代中国农民政治参与的程度、动机及社会效应[J]. 社会学研究,2003(3):77-86.

15. 郭正林. 农民政治认知与参与的定量研究[J]. 浙江师范大学学报,2004(5):4.

16. 郝海波. 我国村民决策参与的制度空间与行动逻辑——基于华北地区 20 个村的实证调查[J]. 社会主义研究,2013(4):131-139.

17. 何泽中. 村民自治概念辨析[J]. 法学评论,2001(1):73-79.

18. 贺雪峰,董磊明. 中国乡村治理:结构与类型[J]. 经济社会体制比较, 2005(3):42-50,15.

19. 贺雪峰,仝志辉. 论村庄社会关联——兼论村庄秩序的社会基础[J]. 中国社会科学,2002(3):124-134,207.

20. 贺雪峰. 村民自治的功能及其合理性[J]. 社会主义研究,1999(6): 60-64.

21. 胡涤非. 村民政治信任及其对村级选举参与的影响——基于广东省惠州市 P 村调查的实证研究[J]. 暨南学报(哲学社会科学版),2010,32(3): 156-162.

22. 胡弘弘,赵涛. 农民政治参与的现状考察[J]. 四川师范大学学报(社会科学版),2009,36(2):47-53.

23. 胡荣,王泉超. 村民村级选举参与的影响因素分析——基于武平等四县农村的实证研究[J]. 中共福建省委党校学报,2008(4):57-60.

24. 胡荣. 村民委员选举中影响村民对候选人选择的因素[J]. 厦门大学学报(哲学社会科学版),2001(1):124-131.

25. 胡荣. 社会资本与中国农村居民的地域性自主参与——影响村民在村

级选举中参与的各因素分析[J].社会学研究,2006(2):61-85.

26.黄荣贵,桂勇.集体性社会资本对社区参与的影响:基于多层次数据的分析[J].社会,2011(6):1-21.

27.季丽新,南刚志,吕如敏.经济发达村庄农民政治参与动机与方式分析——以山东省东大寨村为例[J].中国特色社会主义研究,2009(2):74-79.

28.季丽新.农民政治参与相关因素分析——以山东省东大寨和牛溪埠村为例[J].当代世界与社会主义,2009(2):143-148.

29.吉青.社会转型期我国农民非制度化政治参与的原因探讨[J].中共山西省委党校学报,2005(2):29-31.

30.蒋永甫,谢舜.草根民主:内涵、限度与提升——村民自治的政治学思考[J].东南学术,2007(4):31-38.

31.金太军."乡政村治"格局下的村民自治——乡镇政府与村委会之间的制约关系分析[J].社会主义研究,2000(4):61-64.

32.柯丹青.关于村民自治的争论[J].中国研究,1997(37):56-64.

33.柯佳敏.社会资本重构:乡村自治组织功能提升的必然选择[J].理论探讨,2014(6):151-155.

34.李剑秋.村民自治视野下的社会资本[J].湖北社会科学,2009(5):23-27.

35.李金宝,李景峰.村民自治及其价值论析[J].吉林工商学院学报,2009,25(2):61-63,73.

36.李蓬.新时期村民自治中农民政治参与状况研究[J].西北农林科技大学学报(社会科学版),2010,10(4):1-8.

37.李蓉蓉.农民政治效能感对政治参与影响的实证研究[J].深圳大学学报(人文社会科学版),2013,30(4):79-85.

38.李迎喜.西部农村社会分化的状况及其对农民政治参与的影响[J].贵州社会科学,2014(3):163-166.

39.林辉煌.土地流转与乡村治理的阶层基础——以江汉平原曙光村为考察对象[J].中州学刊,2012(2):92-97.

40.林敏,张敏.从皮亚杰的发生认识论看计划行为理论[J].社会心理科学,2010,25(1):18-21.

41.刘成斌,卢福营.非农化视角下的浙江省农村社会分层[J].中国人口科学,2005(5):75-81,96.

42.刘传华.农民阶层分化与农民政治参与的关联分析[J].中国青年政治学院学报,2011,30(2):63-67.

43.刘锐.农民阶层分化与乡村治理转型[J].中州学刊,2012(6):89-93.

44. 刘锐. 土地流转、阶层分化与乡村治理转型——基于湖北省京山J村的调查[J]. 南京农业大学学报(社会科学版),2013(2):92-99.

45. 刘振滨,林丽梅,郑逸芳. 生活幸福感、政治认知与农民选举参与行为[J]. 江西财经大学学报,2017(5):88-95.

46. 卢福营. 论村民自治运作中的公共参与[J]. 政治学研究,2004(1):17-23.

47. 罗峰. 流动中的农民异质化及其社会治理[J]. 湖北大学学报(哲学社会科学版),2014(1):133-136.

48. 苗月霞. 中国农村社会资本状况及其对村民自治运作绩效的影响[J]. 社会主义研究,2005(1):97-100.

49. 欧博文,韩荣斌. 民主之路?——中国村民选举评析[J]. 国外理论动态,2011(7):59-70.

50. 潘萍. 试论村民自治中的妇女参与[J]. 浙江学刊,2007(6):211-214.

51. 裴志军. 村域社会资本:界定、维度及测量[J]. 农村经济,2010(6):93.

52. 裴志军. 村干部竞选者的竞选动机及特点——基于需求ERG理论的实证研究[J]. 公共管理学报,2012,9(4):64-73,125-126.

53. 裴志军. 农村和城市居民政治效能感的比较研究[J]. 政治学研究,2014(4):63-72.

54. 钱海梅. 村规民约与制度性社会资本——以一个城郊村村级治理的个案研究为例[J]. 中国农村观察,2009(2):69-75.

55. 乔耀章. 村民自治再定位[J]. 江苏社会科学,1999(6):33-35.

56. 尚云华. 现阶段村民自治下的农民参与现状分析研究[J]. 山西农业大学学报(社会科学版),2012,11(9):878-881.

57. 沈延生. 村政的兴衰与重建[J]. 战略与管理,1998(6):1-34.

58. 施雪华,林畅. 社会资本视角下的中国乡村治理研究[J]. 北京行政学院学报,2008(2):1-4.

59. 时树菁. 激励因素在农民政治参与中的运用[J]. 江西社会科学,2005(7):183-185.

60. 谭青山. 在深化村民自治进程中健全村委会选举制度[J]. 华中师范大学学报,2008(6):19-26.

61. 谭青山. 村级选举后的治理困境与对策[J]. 华中师范大学学报(人文社会科学版),2011,50(1):22-30.

62. 唐鸣. 城镇化背景下基层民主的发展——对居委会组织法修改的一点意见[J]. 探索与争鸣,2013(11):56-58.

63. 陶林. 社会主义新农村视角下的村民自治研究述评[J]. 陕西行政学院

学报,2009,23(1):106-110.

64. 仝志辉. 村民自治的研究格局[J]. 政治学研究,2000(3):70-76.

65. 王甫勤. 社区异质性与中国民众村居委选举参与研究[J]. 同济大学学报(社会科学版),2016(3):60-69.

66. 王会. 村庄结构分化及其社会治理特征[J]. 广东社会科学,2014(4):214-219.

67. 王丽华. 论少数民族乡村传统社会资本对政治参与的影响——以云南省沧源佤族自治县G村为例[J]. 云南社会科学,2012(3):18-21.

68. 王刘玉,高军. 当代中国社会阶层分化现状及其走势[J]. 学术交流 2009(6):144-149.

69. 王强. 中央、地方、民众:村民自治决策过程的三层分析[J]. 开放时代,2000(1):98-103.

70. 王禹. 我国的违宪审查和司法审查制度及其改进[J]. 民主与科学,2004(3):29-32.

71. 王志强. 当前中国农民政治参与研究综述[J]. 中国农村观察,2004(4):62-66.

72. 王仲田. 中国农村的村民自治和基层民主发展[J]. 荆门职业技术学院学报,1999(1):15-23.

73. 吴忠民. 怎样看待中国现阶段社会阶层结构的变化? 如何分析阶层问题[J]. 中国党政干部论坛,2001(11):13-15.

74. 肖唐镖. 从农民心态看农村政治稳定状况——一个分析框架及其应用[J]. 华中师范大学学报(人文社会科学版),2005(5):10-17.

75. 谢治菊、谭洪波. 农村社会资本存量:概念、测量、计算[J]. 贵州财经学院学报,2011(5):87.

76. 熊光清. 流动农民与非流动农民参与村民自治的比较分析[J]. 甘肃行政学院学报,2009(6):75-82,127.

77. 徐勇,赵德健. 找回自治:对村民自治有效实现形式的探索[J]. 华中师范大学学报(人文社会科学版),2014,53(4):1-8.

78. 徐勇. 村民自治的成长:行政放权与社会发育——1990年代后期以来中国村民自治发展进程的反思[J]. 华中师范大学学报(人文社会科学版),2005(2):2-8.

79. 徐勇. 论乡政管理与村民自治的有机衔接[J]. 华中师范大学学报(哲学社会科学版),1997(1):22-28,130.

80. 徐勇. 县政、乡派、村治:乡村治理的结构性转换[J]. 江苏社会科学,2002(2):27-30.

81. 徐勇. 实践创设并转换范式:村民自治研究回顾与反思——写在第一个村委会诞生35周年之际[J]. 中国社会科学评价,2015(3):4-12,125.

82. 徐勇. 现代国家的建构与村民自治的成长——对中国村民自治发生与发展的一种阐释[J]. 学习与探索,2006(6):50-58.

83. 徐勇. 中国民主之路:从形式到实体——对村民自治价值的再发掘[J]. 开放时代,2000(11):56-61.

84. 徐勇. 实践创设并转换范式:村民自治研究回顾与反思——写在第一个村委会诞生35周年之际[J]. 中国社会科学评价,2015(3):4-12,125.

85. 杨明. 四县农民政治参与研究[J]. 社会学研究,2000(2):67-75.

86. 殷德生. 社会资本与经济发展:一个理论综述[J]. 南京社会科. 2001(7):28-31.

87. 印子. 浙北农村社会阶层区隔化及对村庄治理的影响[J]. 西北农林科技大学学报(社会科学版),2015(2):97-106.

88. 臧雷振,孟天广. 中国农村基层民主选举中经济投票行为研究[J]. 社会科学,2012(2):37-49.

89. 詹国辉,韩星梅,刘邦凡. 当代我国农民政治冷漠现象的成因及化解路径选择[J]. 南京航空航天大学学报(社会科学版),2014,16(4):56-61.

90. 张扬金. 协商民主与村民自治制度的价值重拾[J]. 理论探讨,2013(1):37-41.

91. 张景峰. 对村民自治概念的法学分析[J]. 社会主义研究,2003(4):114-116.

92. 赵爱明,史仕新. 村民参与民主选举参与行为的影响因素探析[J]. 经济体制改革,2010(2):93-95.

93. 赵修华,谢娟. 论村民自治中的公民参与[J]. 湖北行政学院学报,2008(6):24-26.

94. 郑建君. 个体与区域变量对公民选举参与的影响——基于8506份中国公民有效数据的分析[J]. 政治学研究,2016(5):112-125,128.

95. 郑永年. 地方民主国家建设与中国政治发展模式:对中国政治民主化的现实估计[J]. 当代中国研究,1997(2):101-116.

96. 中国社会科学院农村发展研究所课题组. 农村政治参与的行为逻辑[J]. 中国农村观察,2011(3):2-12.

97. [加拿大]劳伦·勃兰特,马修·特纳. 不健全的选举的功效:中国农村选举的状况[J]. 王昀,译. 国外理论动态,2012(4):35-49.

98. [美]泰雷内·怀特. 美国学者谈中国村民选举[J]. 国外理论动态,1999(6):27.

99. 蔡旺儒. 村民自治视域下农民政治参与问题研究[D]. 长春：吉林大学，2014.

100. 陈晋祥. 村民自治中女性参与行为研究[D]. 福州：福建农林大学，2016.

101. 成城城. 农村社会资本对村委会选举参与程度的影响研究[D]. 济南：山东大学，2011.

102. 程媛媛. 农村剩余劳动力转移对村民选举的影响和研究[D]. 昆明：云南农业大学，2015.

103. 高力. 我国村民自治过程中村民政治参与研究[D]. 青岛：中国海洋大学，2014.

104. 何晓杰. "后农业税时代"中国乡村治理问题研究[D]. 长春：吉林大学，2011.

105. 李蓉蓉. 效能与参与：中国基层民主政治的检视——以山西城乡居民的调查为例[D]. 太原：山西大学，2013.

106. 李振谊. 村民自治背景下村民选举参与研究[D]. 郑州：郑州大学，2010.

107. 刘妍. 当代中国农民阶层结构变迁与政治参与[D]. 长春：吉林大学，2007.

108. 罗卫. 农民参与村民自治的意愿和行为研究[D]. 武汉：华中农业大学，2016.

109. 吕丽瓦. 村民自治中村民政治参与问题研究[D]. 南昌：江西农业大学，2016.

110. 马慧斌. 村民自治背景下的村民政治参与研究[D]. 北京：中央民族大学，2011.

111. 聂志晖. 改革开放以来农民阶层分化对农民政治参与的影响研究[D]. 长春：东北师范大学，2007.

112. 潘琼琼. 社会分层视角下的当前中国农民政治参与研究[D]. 合肥：安徽师范大学，2012.

113. 尚云华. 地方政府在农民专业合作组织发展中的职能研究[D]. 苏州：苏州大学，2013.

114. 宋文婷. 我国村民自治中的女性政治参与问题研究[D]. 济南：山东师范大学，2013.

115. 王春云. 村民自治中妇女政治参与问题研究[D]. 长春：吉林大学，2014.

116. 王林. 村民自治中农民政治参与的差异性探究[D]. 武汉：华中师范大

学,2016.

117. 韦爱华. 村民在“村民自治”中的参与程度及其影响因素研究[D]. 北京:中国农业大学,2005.

118. 叶宁. 地方治理中的公民参与[D]. 杭州:浙江大学,2006.

119. 于洋. 村民自治中农民参与行为形成过程研究[D]. 石家庄:河北经贸大学,2017.

120. 袁松. 富人治村——浙中吴镇的权力实践(1996～2011)[D]. 武汉:华中科技大学,2012.

121. 张村. 当代中国社会阶层分化背景下的公民政治参与[D]. 济南:山东大学,2008.

122. 张平. 中国城市居民社区自治行为影响因素研究[D]. 沈阳:东北大学,2013.

123. 张艳. 社会资本视域下的农村留守妇女参与村民自治[D]. 福州:福州大学,2011.

三、外文文献

1. Adler N. E. ,Boyce T. ,Chesney M. A. ,Cohen S. ,Folkman S. ,Kahn R. L. , Syme S. L. Socioeconomic status and health [J]. *American Psychologist*,1994,49(1):15-24.

2. Adler N. E. ,Epel E. S. ,Castellazzo G. ,Ickovics J. R. Relationship of subjective and objective social status with psychological and physiological functioning: Preliminary data in healthy white women [J]. *Health Psychology*,2000,19(6):586-592.

3. Adler N. E. , Snibbe A. C. The role of psychosocial processes in explaining the gradient between socioeconomic status and health [J]. *Current Directions in Psychological Science*,2003,12(4):119-123.

4. Adler N. E. , Singh-Manoux A. , Schwartz J. , Stewart J. , Matthews K. ,Marmot M. G. Social status and health: A comparison of British civil servants in Whitehall-Ⅱ with European-and African-Americans in CARDIA [J]. *Social Science and Medicine*,2008,66(5):1034-1045.

5. Ajzen,I. The theory of planned behavior [J]. *Organizational Behavior and Human Process*,1991(50),179-211.

6. Amato P. R. ,Previti D. People's reasons for divorcing gender,social class,the life course,and adjustment [J]. *Journal of Family Issues*,2003,24

(5):602-626.

7. Beauvois J. ,Dubois N. The norm of internality in the explanation of psychological events [J]. *European Journal of Social Psychology*, 1988, 18 (4):299-316.

8. Bowman N. A. ,Kitayama S. ,Nisbett R. E. Social class differences in self, attribution, and attention: Socially expansive individualism of middle-class Americans [J]. *Personality and Social Psychology Bulletin*, 2009, 35 (7): 880-893.

9. Cai H. , Kwan V. S. , Sedikides C. A sociocultural approach to narcissism: The case of modern China [J]. *European Journal of Personality*, 2012,26(5):529-535.

10. Carol S. J. Voting Choices: Meet you at the Gender Gap. In Carol, S . J. & Fox R. L. (Eds.), *Gender and election: Shaping the future of American politics* [M]. New York: Cambridge University Press, 2006.

11. Chen E. ,Matthews K. A. Cognitive appraisal biases: An approach to understanding the relation between socioeconomic status and cardiovascular reactivity in children [J]. *Annals of Behavioral Medicine*, 2001, 23 (2): 101-111.

12. Christie A. M. ,Barling J. Disentangling the indirect links between socioeconomic status and health: The dynamic roles of work stressors and personal control [J]. *Journal of Applied Psychology*, 2009, 94 (6): 1466-1478.

13. Côét S. ,Gyurak A. ,Levenson R. W. The ability to regulate emotion us associated with greater weil-being income and socioeconomic status [J]. *Emotion*, 2010, 10(6):923-933.

14. Cohen S. ,Alper C. ,Adler N. ,Treanor J. J. ,Turner R. B. Objective and subjective socioeconomic status and susceptibility to the common cold [J]. *Health Psychology*, 2008, 27(2):268-274.

15. Côté S. How social class shapes thoughts and actions in organizations [J]. *Research in Organizational Behavior*, 2011(31):43-71.

16. Cross S. E. , Bacon P. L. , Morris M. L. The relational-interdependent self-construal and relationships [J]. *Journal of Personality and Social Psychology*, 2000, 78(4):791-808.

17. Darl R. A. *Who Governs?* [M] New Haven: Yale University Press, 1961.

18. Fishbein M., Ajzen I. *Beliefs, attitude, intention, and behavior: An introduction to theory and research. Reading* [M], MA: Addison-Wesley, 1975.

19. Gallo L. C., Bogart L. M., Vranceanu A. M., Matthews K. A. Socioeconomic status, resources, psychological experiences, and emotional responses: A test of the reserve capacity model [J]. *Journal of Personality and Social Psychology*, 2005, 88(2): 386-399.

20. Goodman E., Adler N. E., Kawachi I., Frazier A. L., Huang B., Colditz G. A. Adolescents' perceptions of social status: Development and evaluation of a new indicator [J]. *Pediatrics*, 2001, 108(2): 31.

21. Griskevicius V., Tybur J. M., Delton A. W., Robertson T. E. The influence of mortality and socioeconomic status on risk and delayed rewards: A life history theory approach [J]. *Journal of Personality and Social Psychology*, 2011, 100(6): 1015-1026.

22. Grossmann I., Varnum M. E. Social class culture and cognition [J]. *Social Psychological and Personality Science*, 2011, 2(1): 81-89.

23. Howell R. T., Howell C. J. The relation of economic status to subjective well-being in developing countries: A meta-analysis [J]. *Psychological Bulletin*, 2008, 134(4): 536-560.

24. Jean C. Oi, Scott Rozelle. Elections and Power: The Locus of Decision-Making in Chinese Villages [J]. *The China Quarterly*, 2000, 162(6): 513-539.

25. John James Kennedy. Elected Leaders and Collective Land: Farmers' Evaluation of Village Leaders' Performance in Rural China [J]. *Journal of Chinese Political Science*, 2004, 9(1): 1-22.

26. Johnson S. E., Richeson J. A., Finkel E. J. Middle class and marginal? Socioeconomic status stigma and self-regulation at an elite university [J]. *Journal of Personality and Social Psychology*, 2011, 100(5): 838-852.

27. Johnson W., Krueger R. F. Higher perceived life control decreases genetic variance in physical health: Evidence from a national twin study [J]. *Journal of Personality and Social Psychology*, 2005, 88(1): 165-173.

28. Kelliher D. The Chinese debate over village self-government[J]. *The China Journal*, 1997(37): 63-86.

29. Kraus M. W., Horberg E., Goetz J. L., Keltner D. Social class rank

threat vigilance and hostile reactivity [J]. *Personality and Social Psychology Bulletin*,2011,37(10):1376-1388.

30. Kraus M. W. , Côté S. , Keltner D. Social class contextualism and empathic accuracy [J]. *Psychological Science*,2010,21(11):1716-1723.

31. Kraus M. W. , Keltner D. Signs of socioeconomic status: A thin-slicing approach [J]. *Psychological Science*,2009,20(1):99-106.

32. Kraus M. W. , Piff P. K. , Keltner D. Social class as culture: The convergence of resources and rank in the social realm [J]. *Current Directions in Psychological Science*,2011,20(4):246-250.

33. Kraus M. W. ,Piff P. K. ,Keltner D. Social class sense of control and social explanation [J]. *Journal of Personality and Social Psychology*,2009, 97(6):992-1004.

34. Kraus M. W. ,Piff P. K. ,Mendoza-Denton R. ,Rheinschmidt M. L. , Keltner D. Social class solipsism and contextualism: How the rich are different from the poor [J]. *Psychological Review*,2012,119(3):546-572.

35. Lachman M. E. ,Weaver S. L. The sense of control as a moderator of social class differences in health and well-being [J]. *Journal of Personality and Social Psychology*,1998,74(3):763-773.

36. Lane R. *Political Life: Why People Get Involved in Politics* [M]. Glencoe: Free Press,1959.

37. Li L. The politics of introducing direct township elections rural China [J]. *China Quarterly*,2002(171):704-723.

38. Li L. ,O-Brien K. J. Villagers and popular resistance in contemporary China [J]. *Modern China*, 1996, 22(1) :28.

39. Lim H. , Dubinsky A. J. The theory of planned behavior in e-commerce: Making a case for interdependencies between salient beliefs[J]. *Psychology and Marketing*,2005,22(10):833.

40. Lin Nan, Wen Xie. Occupational prestige in urban China [J]. *American Journal of Sociology*,1988(6):45-48.

41. Liu W. M. , Ali S. R. , Soleck G. , Hopps J. , Pickett Jr T. Using social class in counseling psychology research [J]. *Journal of Counseling Psychology*,2004,51(1):3-18.

42. Manion Melanie. The electoral connection in the Chinese countryside [J]. *American Political Science Review*,1996(4):736.

43. Martin Fishbein Icek Ajzen. *Predicting and changing behavior: The*

reasoned action approach [M]. New York:Psychology Press,2010.

44. Milbrath Lester. *Political Participation* [M]. Chicago: Rand McNally,1965.

45. O'Brien K. Implementing political reform in China's villages [J]. *Australian Journal of Chinese Affairs*,1994(4):33-59.

46. Oakes J. M., Rossi P. H. The measurement of SES in health research: Current practice and steps toward a new approach [J]. *Social Science and medicine*,2003,56(4):769-784.

47. Pastor Tan,Qingshan. The meaning of China's village elections [J]. *The China Quarterly*,2000(3):16-18.

48. Pei Minxin. Creeping Democratization in China [J]. *Journal of Democracy*, 1995, 6(4): 65-79.

49. Piff P. K.,Kraus M. W.,Cote S.,Cheng B. H.,Keltner D. Having less,giving more: The influence of social class on prosocial behavior [J]. *Journal of Personality and Social Psychology*,2010,99(5):771-784.

50. Piff P. K.,Stancato D. M.,Côét S.,Mendoza-Denton R.,Keltner D. Higher social class predicts increased unethical behavior [J]. *Proceedings of the National Academy of Sciences*,2012,109(11):4086-4091.

51. Sakurai K.,Kawakami N.,Yamaoka K.,Ishikawa H.,Hashimoto H. The impact of subjective and objective social status on psychological distress among men and women in Japan [J]. *Social Science and Medicine*,2010,70(11):1832-1839.

52. Scherer S. E. Proxemic behavior of primary school children as a function of their socioeconomic class and subculture [J]. *Journal of Personality and Social Psychology*,1974,29(6):800-805.

53. Shi Tianjian. Voting and nonvoting in China: Voting behavior in plebiscitary and limited-choice elections [J]. *Journal of Politics*,1999(12):1854-1862.

54. Sidney Verba,Kay,Lehman,Schlozman,Henry,E. Brady. *Voice and Equality: Civic Voluntarism in American Politics* [M]. Cambridge, Massachusetts:Harvard University Press,1955.

55. Singelis T. M. The measurement of independent and interdependent self-construals[J]. *Personality and Social Psychology Bulletin*,1994,20(5):580-591.

56. Snibbe A. C.,Markus H. R. You can't always get what you want:

Educational attainment agency and choice [J]. *Journal of Personality and Social Psychology*,2005,88(4):703-720.

57. Stellar J. E., Manzo V. M., Kraus M. W., Keltner D. Class and compassion: Socioeconomic factors predict responses to suffering [J]. *Emotion*,2012,12(3):449-459.

58. Stephens N. M.,Fryberg S. A.,Markus H. R. When choice does not equal freedom A sociocultural analysis of agency in working-class American contexts [J]. *Social Psychological and Personality Science*, 2011, 2(1): 33-41.

59. Stephens N. M.,Markus H. R.,Townsend S. S. Choice as an act of meaning:The case of social class [J]. *Journal of Personality and Social Psychology*,2007,93(5):814-830.

60. Stolle Dietlind. Trusting strangers:The concept of generalized trust in perspective [J]. *Osterreichische Zeitschrift fur Politikwissenschaft*,2002,4(2):397-412.

61. Verba Sidney, Norman, Nie. *Participation in America* [M]. New York:Harper and Row,1987.

62. Whyte M. K.,Han C. Popular attitudes toward distributive injustice: Beijing and Warsaw compared [J]. *Journal of Chinese Political Science*, 2008,13(1):29-51.

63. Wilkinson R. G. Health hierarchy and social anxiety [J]. *Annals of the New York Academy of Sciences*,1999,896:48-63.

64. Wolff L. S.,Subramanian S.,Acevedo-Garcia D.,Weber D.,Kawachi I. Compared to whom? Subjective social status self-rated health and referent group sensitivity in a diverse US sample [J]. *Social Science and Medicine*, 2010,70(12):2019-2028.